中央民族大学“985 工程”
中国当代民族问题战略研究基地
民族发展与民族关系问题研究中心
“民族发展与民族关系问题”实证研究高级讲习班
田野调查报告选

主编　白振声

唐卫青◎著
林修澈　白振声◎指导教授

日月潭边邵人社会宗教文化的民族学考察

RIYUETAN BIAN SHAOREN SHEHUI ZONGJIAO WENHUA DE MINZUXUE KAOCHA

中央民族大学出版社
China Minzu University Press

图书在版编目（CIP）数据

日月潭边邵人社会宗教文化的民族学考察/唐卫青著．—北京：中央民族大学出版社，2011.12

ISBN 978－7－5660－0007－1

Ⅰ.①日…　Ⅱ.①唐…　Ⅲ.①宗教文化—研究—南投县　Ⅳ.①B928.2

中国版本图书馆 CIP 数据核字（2011）第 102440 号

日月潭边邵人社会宗教文化的民族学考察

作　　者　唐卫青
责任编辑　吴　云
封面设计　汤建军
出 版 者　中央民族大学出版社
　　　　　北京市海淀区中关村南大街 27 号　邮编：100081
　　　　　电话：68472815（发行部）传真：68932751（发行部）
　　　　　　　　68932218（总编室）　　　　68932447（办公室）
发 行 者　全国各地新华书店
印 刷 厂　北京宏伟双华印刷有限公司
开　　本　880×1230（毫米）　1/32　印张：7.375
字　　数　200 千字
版　　次　2011 年 12 月第 1 版　2011 年 12 月第 1 次印刷
书　　号　ISBN 978－7－5660－0007－1
定　　价　22.00 元

参加研讨会

慈恩塔 玄奘寺 玄光寺

日月潭导览图

日月潭美丽晚景

近观拉鲁岛

台东史前博物馆中的墓葬群

祭拜场景

慈恩塔

雨中祭拜

“民族发展与民族关系问题”实证研究高级讲习班民族学田野调查报告选

编者的话

为拓展和深化“民族发展与民族关系问题”研究，继承和弘扬民族学应用研究、实证研究的学术传统，加大培养优秀民族学人类学学科人才的力度，中央民族大学“985工程”民族发展与民族问题研究中心以本校民族学与社会学学院民族学、人类学、民族社会学三个专业的在读博士研究生为对象，于2009年4－6月间开办了首届“民族发展与民族问题”实证研究高级讲习班。讲习班聘请了包括台湾地区在内的全国民族学、人类学界在本学科应用研究领域有着丰富田野调查经验和取得重要学术成果的9位专家（他们来自6所高校和科研单位）担任学术指导，并围绕各自的田野经历与学术专长进行授课。参加讲习班的成员根据自己的听课感受、研究兴趣与特长，并结合学术指导专家的研究方向，向他们申报课题。每位专家根据对选题申报书的审议，从中遴选1－2名博士生进行指导。2009年7月，由本研究中心资助入选的19名博士生根据各自的课题，先后奔赴沿海、边疆、城市、农村、牧区、林区乃至台湾省的少数民族地区，从事为期三个月左右的民族学、人类学田野调查，并在此基础上完成了一系列的田野调查报告。

严格地说，仅靠短短3个月左右的田野调查，想要完成一篇深刻而有学术见地的民族学田野报告是困难的，它也与民族学一贯倡导的长期观察、居住体验的规范性田野调查要求存在差距。然而，通览上述19篇成果，其中90%以上都是作者先前已经从事或正在进行的研究内容，而且在调查点都有过不止一次或长或短的田野调查经历，有的还就相关内容发表过文章，有相当的前期田野工作经验与成果积累。而本期田野调查高级研讨班的举办，则为他们已有研究的深入、深化提供了难得的平台、条件。

有鉴如此，我们通过指导专家的推荐和研究中心评审组的评审，从中筛选出部分学术研究价值和现实应用价值相对突出的调查报告集结出版。

毋庸置疑，以严格的学术水准要求，这些作品还多显稚嫩。不过，从选题内容到调研的视角，仍能看到其中包含着的强烈时代气息、学术使命感和探索精神。拔苗助长绝不可取，但搭建学术平台，培养学科新秀，鼓励调研实践，激励成果创新，则是我们的目标和责任。现尝试性地推出这批调研成果，以期接受同行和社会的检验与指正。

白振声

2010年11月6日

目　录

序言

中国台湾的民族格局一直处于动态的过程中。1954 年，台湾当局经过民族识别，除汉族外，确认的少数民族族群分为平埔人和高山诸族两大部分。确认平埔人包括凯达格兰、噶玛兰、雷朗、道卡斯、巴则海、巴布拉、巴布萨、邵、洪安雅、西拉雅 10 个族群，统称“平埔十族”；高山诸部落则包括阿美人、排湾人、泰雅人、布农人、鲁凯人、赛夏人、邹人（音曹人）、卑南人、雅美人（又称达悟人）9 个族群，简称“高山九族”。上述“高山九族”和“平埔十族”构成台湾 19 世纪 50—80 年代的少数民族族群格局。①

本书的研究是在中央民族大学“985 工程”民族发展与民族关系问题研究中心的资助下得以进行的。笔者于 2009 年 8—9 月在中国台湾做了为期近两个月的田野调查。调查的主要地点是台湾南投县埔里镇的日月村，即德化村；以日月村的主要原住民邵人为研究对象，探究其宗教文化及相关仪式。

一、选题的缘起与意义

（一）本书的研究有利于促进海峡两岸的文化交流和我国各民族间的相互了解与和谐发展

“中国是多民族统一国家。多元民族文化是中国人的认同源

① 杨圣敏：《中国民族志》，北京：中央民族大学出版社，2003 年，第 439 页。

泉和立国之本。在举世关注文化多样性和迈向开放社会的今天，多元文化还是中国积累道德资源，凝聚软实力，推动观念更新和制度创新……实现和平发展的社会资本。”[①] 对于不同民族文化的了解与相互关系的探讨，对于中国的民族研究是必要的，这是促进民族关系和谐、促进各民族共同发展的基础。陈奇禄曾经说道：“就中国历史言，台湾所居之地位，恰在中国文化区之东南，海洋文化区之西北，为两区文化交流之一重要场地。”[②] 为此，对于台湾地区少数民族的研究，有利于促进海峡两岸文化交流，有利于民族关系的发展与民族和谐建设。

台湾自古就是中国不可分割的一个部分，虽然因海峡相隔在相互交流的过程中出现过一些曲折与坎坷，但是在文化的根源上台湾与大陆永远都是打断骨头、连着筋的关系。随着21世纪的到来，两岸的政治、经济、文化的交流与合作日趋频繁，其交流与合作的领域也越加宽泛。两岸的学术交流成为其中必不可少的一项内容。本书尝试以一个中国民族学研究者的眼光真实地展现台湾地区的民族文化与特色，真实地描述台湾地区的特色文化事项，为相关学者与机构提供真实的资料。马戎曾经提出，应使民族问题“文化化”[③]，本书力图从文化的视角来研究文化，为海峡两岸的学术交流提供真实、客观的资料。书中的调查资料具有一定的学术价值，同时对促进民族间的了解、民族认同与和谐发展有着较为现实的意义。

---

① 张海洋：《中国的多元文化与中国人的认同》，北京：民族出版社，2006年，第2页。

② 陈奇禄等：《日月潭邵族民族志调查报告》序，台北：南天书局有限公司，1996年。

③ 马戎：《理解民族关系的新思路——少数族群问题的“去政治化”》，载《北京大学学报》2004年第6期。

（二）本书为中国民族志增添了新的内容

我国民族志的研究资料汗牛充栋，不仅历史悠久，而且研究的内容非常广泛。不过，在资料的收集中我们发现，由于许多历史或客观原因，对于“本是同根生”的海峡对岸的台湾少数民族的各个不同族群的研究资料还不够全面。为此，本书的研究首先就是从民族志的角度，对海峡对岸人口较少的族群邵人进行了实地民族志资料收集与整理。书中资料为我国民族志的资料库增添了新的内容。

随着海峡两岸的交流与合作，台湾少数民族志的资料收集显得尤为重要。可以说，在中国浩瀚的民族志资料中，没有台湾少数民族的内容是不完整的。本书可以视为大陆学者正在向这个方向努力的阶段性成果之一。

（三）本书在某种程度上是对邵人文化更深层次的研究

邵人文化研究成果多集中在对邵人文化的概述，粗线条地研究邵人文化的各个方面——历史源流、经济、政治、宗教、生产与生活方式等。对于邵人的研究，从1955年陈奇禄的调查报告开始，到2001年的台湾国立政治大学民族学系的调查报告，都是以宏观概述为主要方式。也许由于邵人人口太少，也许在历史的长河里邵人的环境（日月潭旅游景点内）被大家所熟悉，从而导致没有人刻意地为邵人文化作更深的探讨。台湾学者潘英曾为此感叹：“民国四十四年已列邵族为高山族十族之一，但目前通行的九族说并不包括邵族，而且也没有给邵族一个定位，造成邵族在民族学归属上一个尴尬的局面。”①

---

① 潘英编著：《台湾原住民族的历史源流》，台北：台原出版社，1998年，第118页。

本书试图从邵人文化的一个层面——宗教信仰上作专题探讨。这一视角可以是说对以往概述式、宏观式邵人研究的突破。

另外，本书也突破了以往邵人文化研究者皆来自台湾当地学者的局限，大陆学者深入台湾邵人地区从事调研者中作者还是第一人。新的理论思维、新的观察视角对邵人乃至中国民族志研究的深入开展，将是一种引导和推动。

（四）本书的理想研究内容是邵人宗教文化

在中央民族大学“985工程”民族发展与民族关系问题研究中心的资助下，作者于2009年8—9月在中国台湾做了为期近两个月的田野调查。

2009年春季，在中央民族大学“985工程”民族发展与民族关系问题研究中心举办的“民族发展与民族关系问题”实证研究高级讲习班上，作者有幸聆听到台湾国立政治大学张中复教授与林修澈教授的相关学术讲座。林修澈教授是台湾国立政治大学民族研究中心主任，对台湾少数民族研究多有建树。正是在林教授的指导与建议下，作者决定选择台湾少数民族中人口相对较少、文化涵化程度较高的邵人，作为学习和研究台湾族群的开端。“事实上，战后（第二次世界大战后——作者）台湾学者在高山族群分类的研究上，大多不过仍是拾日人牙慧而已，并没有重大突破。而且，族群分类的基点在于体质、语言与文化特质，要在这三方面做到面面俱到，并不容易。自日本占领时期从事高山族族群分类研究以来，便面临这一不易克服的难题。例如邵人，无论从哪一方面来看都是高山族系统。奇异的是，自日本占领时期起，便很少有人提起他们”①。

---

① 潘英编著：《台湾原住民族的历史源流》，台北：台原出版社，1998年，第94页。

正是邵人如此有争议的境况，才更有研究的必要。邵人集聚在中国台湾日月潭边的日月村，邵人人口大约为263人。[①] 由于时间、调查环境和个人精力等因素的限制，不可能选择较大族群进行调查与研究，而邵人人口较少且生存环境相对集中，是最为理想的研究对象。另外，邵人之所以引起争议，是因为这个族群的居住地被汉族人所包围，但是他们的宗教信仰却又有着自身的特点，对其宗教的研究是最为理想的研究内容。宗教作为一种社会意识形态，是人类精神文化的重要表现形式，它始终都是民族学、人类学研究的重要内容。研究它，无论对于学术还是对于现实，皆意义重大。

二、相关研究动态

中国台湾少数民族邵人宗教信仰为本书主要研究内容，现从以下三个方面进行相关研究综述。

（一）中国台湾地区邵人研究

邵人研究相对于台湾地区的其他原住民研究，可以说一直都处于弱势甚至是被忽视的地位，致使邵人的族称与族归属群分类比较杂乱。在日本占领时期，有的人认为属于布农人[②]，有的人认为属于邹人。[③] 其族群的名称也不是我们现在所说的“邵”，使用最为频繁的是“水沙莲化番”。对于邵人的民族志资料几乎是一个空白，仅有日本学者伊能嘉矩的日月潭调查日记。1897年9

① 有关邵人人数的数据各有说法，在本书的后文（第47页）中均有相关介绍，本处选择的数据是根据本次调查的实际状况而确定的。

② 伊能嘉矩、粟野传之丞：《台湾番人事情》，东京：草风冠，2000年，第31页。

③ 森丑之助：《台湾番族图谱》，台北：临时台湾旧惯调查会，1918年，第3页。

月伊能嘉矩到过石印社与头社，对邵人祖灵祭的祭祀仪式有所涉猎，称："化番之俗，自农历八月初一（就是我们所说的八月二十八日）开始有新年的仪式，既是在三十天之间做戏。"① 内容相当简单，均为访谈记录，不是亲眼所见。其记录中缺少了邵人最为重要的文化特征符号：公妈篮、先生妈。

真正对邵人传统文化进行详细调查研究始于陈奇禄等人。1958 年台湾国立政治大学考古人类学系出版了陈奇禄等著的《日月潭邵族调查报告》。在其报告中写出了调查的缘由："我们以为今日的邵族，正介在这两个文化（汉文化与原住民族的文化）的边缘，为文化接触变化过程的一个好例。我们并以为记录一个行将消逝的文化，为民族学工作者的一项重要任务。这是我们选择邵族作为调查研究对象的另一个目标。"② 这次调查始于 1955 年，国立政治大学考古人类学系和南投县文献委员会合作进行，调查分为两期。第一期是 1955 年，时间约为一个月。第二期是 1956 年，时间约为一周。该书主要分日月潭边邵人社会、经济生活、宗教、体质及其语言五个专题进行介绍。其中日月潭边的邵人宗教由唐美君执笔，文中介绍了邵人的祖灵崇拜、巫师制度、重要仪式、禁忌梦兆及鸟占、外来信仰传入后的变化。由于调查时间为 1 月至 3 月，因此唐美君亲眼所见的仪式只是邵人农历三月的播种祭，以及修屋祭祀活动。本章中唐美君对其祖灵崇拜的观念有相当详细的记录，并认为"祖灵篮"③ 是"邵族信仰中的一大特色"④。

① 伊能嘉矩：《巡台日乘》，载森口雄念编《伊能嘉矩的台湾踏查日记》，板桥：台湾风物杂志社，1992 年，第 81 页。

② 陈奇禄等：《日月潭邵族民族志调查报告》，台北：南天书局有限公司，1996 年，第 1 页。

③ 祖灵篮，作者调查期间人们称其为"公妈篮"。

④ 陈奇禄等：《日月潭邵族民族志调查报告》，台北：南天书局有限公司，1996 年，第 100 页。

唐美君在访谈中写道：报告者称“我们邵族每家都供有一支祖灵篮，里面所盛的是祖先从前留下来的衣饰。祖灵篮是我们作祭时的重要祷告对象。在告祖仪式以及我们为失魂者招魂时都向祖灵篮祷告；而这四位始祖都是听命于最高祖灵的。”[①] 在唐美君的文章中，邵人巫师制度主要描写了传授的过程、职能、辖户等。文中对巫师的治病与招魂的仪式与记录，现在均已消失，其仪式记录是唯一的一次也是最后的一次。外来信仰在邵人的社会里已有影响，唐美君认为邵人都是双重信仰（祖灵与神一起供奉；祖灵与基督教一起共存）。[②]

在陈奇禄等人的研究 40 年后邵人研究才再一次出现。1996 年山路胜彦的《台湾サオ族仪礼的世界の认同と求心性》，主要是以“认同的求心性”来解读邵人的仪式，密切关注祖灵篮与先生妈的作用。[③] 1998 年谢世忠和苏裕玲的《传统、出演与外资——日月潭德化社邵族丰年节庆的社会文化现象》，主要用观光人类学（即旅游人类学）的理论探讨了邵人与外来人的多种要素交织关系，注重的是邵人过年仪式[④]中的内演（非观光性）与外演（观光性）现象。[⑤] 2003 年邓相扬的《邵族 ulalaluwan 正名之刍议》中，针对邵人的 ulalaluwan 中文名称的翻译提出了看法。目前大多数学者都将 ulalaluwan 翻译为“公妈篮”或“祖灵篮”，

① 陈奇禄等：《日月潭邵族民族志调查报告》，台北：南天书局有限公司，1996 年，第 100 页。

② 陈奇禄等：《日月潭邵族民族志调查报告》，台北：南天书局有限公司，1996 年，第 117—118 页。

③ 山路胜彦：《台湾サオ族仪礼的世界の认同と求心性》，载《关西学院大学社会学部纪要》，1996 年。

④ 过年仪式，即邵人农历八月的祖灵祭。

⑤ 谢世忠、苏裕玲：《传统、出演与外资——日月潭德化社邵族丰年节庆的社会文化现象》，载台北《考古人类学刊》，1998 年。

但他认为这种翻译不恰当，而“公妈”更是汉化的表现。[①] 2001年台湾国立政治大学民族学系师生利用暑假对邵人进行了为期7天的调查，出版了第二本《日月潭邵族民族志调查报告》[②]，该书是对邵人的地理环境、宗教、经济、语言、政治社会现况、民族关系、教育与文化等进行的民族志调查综述。

2002年王玉婷在论文《拜公妈——邵族家庭的通婚与祭嗣的民族意义》中，认为构筑清晰民族边界的公妈篮是血缘关系淡化、语言流失的邵人的唯一具体事物。文中作者比较了公妈牌与公妈篮的区别，认为公妈篮不仅象征了家族的继承，而且也是整个族群的传承的重要因素，但对邵人在外来文化的强烈冲击下如何还能保持自身的信仰及其动力何在没有作出解释。[③] 2003年周美淑在《人、家户与炉主（lotsu）：邵族的人观研究》一文中认为邵人特殊的文化机制是炉主，炉主揭示了人与灵之间的关系，以及与个人在家户、社会中取得身份和转变身份等的密切关系。嫁给邵人的他族妇女并没有因为婚姻而自动取得家户的正式身份，也不会成为公妈篮中的一员。她的灵必须经过炉主制度才能够从娘家转到夫家，才能够在先生妈祭拜公妈篮的时候被告知祖灵。这种“身份在家户认同上的焦虑”就是公妈篮信仰维持的重要动力。[④] 2007年简史朗的论文《minthaw ya minshput（做番抑是做人?）——邵族祭祀体系的民族边界》认为邵人的祖灵信仰不仅依托公妈篮，还需要先生妈。如果先生妈不存在，就没有人

---

① 邓相扬：《邵族 ulalaluwan 正名之刍议》，载《族群意识与文化认同——平埔族群与台湾社会大型研讨会论文集》，台北：中央研究院民族学研究所，2003年。

② 台湾国立政治大学民族学系：《日月潭邵族民族志调查报告》，2001年。

③ 王玉婷：《拜公妈——邵族家庭的通婚与祭嗣的民族意义》（硕士学位论文），台北：台湾国立政治大学民族学系，2002年。

④ 周美淑：《人、家户与炉主（lotsu）：邵族的人观研究》（硕士学位论文），台北：台湾国立政治大学民族学系，2003年。

能够完成祖灵与人之间的沟通、交流，也就不可能执行祖灵信仰。该文拥有丰富的资料，这与简史朗能够使用邵语分不开。[①] 2008 年满天弥生在《先生妈、文本与仪式展演：当代邵族的生存策略》[②] 一文中认为，邵人的先生妈与相关仪式都是邵人的“生存策略”之一。

另外，关于邵人文化研究的书籍还有中国台湾邓相扬、许木柱著《邵族史篇》，该书主要对邵人的族群、历史、神话传说、文化传统、祖灵信仰与岁时祭仪等从历史发展的脉络进行了粗略介绍。[③] 台湾国立政治大学民族研究中心林修澈著《原住民的民族认定》，以邵人为个案提出了原住民民族认定的方法、标准等，重点介绍了邵人的民间宗教与邵人民间宗教的主要表现形式——公妈篮与先生妈，这种表现形式是认定邵人为单一民族的主要依据。[④] 2002 年，田哲益（达西乌拉弯·毕马）出版了《台湾的原住民：邵族》一书，该书对邵人发展、社会制度与战争、经济活动与生活习俗、信仰与仪式、生命礼俗、文化与艺术等进行了简要介绍。[⑤]

综上所述，学者对邵人的研究是全方位的。不过，经过资料的收集与整理后，我们发现了学者与专家聚焦的邵人文化特征性符号：对先生妈与公妈篮的研究，是从文化边界、民族认同、集体意识等方面着眼，可以说是一种以邵人的具体代表物——先生妈、公妈篮作为象征符号进行研究。但没有把邵人宗教信仰作为

---

① 简史朗：《minthaw ya minshput（做番抑是做人?）——邵族祭祀体系的民族边界》（硕士学位论文），台北：台湾国立政治大学民族学系，2007 年。

② 满天弥生：《先生妈、文本与仪式展演：当代邵族的生存策略》，当代情境中的巫师与仪式展演研讨会，2008 年。

③ 邓相扬、许木柱：《邵族史篇》，台北：台湾省文献委员会编印，2000 年。

④ 林修澈：《原住民的民族认定》，台北：行政院原住民委员会，2001 年。

⑤ 田哲益（达西乌拉弯·毕马）：《台湾的原住民：邵族》，台北：台原出版社，2002 年。

一个专题进行资料的全面收集与整理，而仅根据已有材料是无法还原该文化全貌的。

（三）大陆对中国台湾少数民族的研究

大陆大多数学者的研究都是对中国台湾少数民族的整体把握，如陈国强与田富达的《高山族》①、许良国与曾思奇的《高山族风俗志——民俗文库之五》②，以及罗春寒的《台湾平埔族群文化变迁之研究》③。主要方法是历史文献研究法。这些研究让读者对台湾少数民族有了厚重的历史感，但同时却缺少了一些当代即时性。

三、研究方法

主要的研究方法：（1）田野调查法。通过田野调查，对所研究的对象采取观察、参与观察、深度访谈等方式，以获得详尽的第一手材料，从而为撰写一份完整的调研报告奠定基础。（2）历史文献研究法。通过收集相关文献，为考察提供详细的历史背景资料，为历史的比较作参照。（3）跨文化研究法。本书是关于大陆学者对台湾邵人的宗教变迁研究。通过一位大陆学者对中国台湾邵人的异地考察，探讨其原始宗教信仰、涵化后的宗教、现代宗教的变迁过程和内容上的规律性。

最后需要说明的是：本书在整理被访谈者的内容时，尽量保留被访谈者的原话，而不作修饰与修改。

---

① 陈国强、田富达：《高山族》，北京：民族出版社，1988 年。

② 许良国、曾思奇：《高山族风俗志——民俗文库之五》，北京：中央民族学院出版社，1988 年。

③ 罗春寒：《台湾平埔族群文化变迁之研究》，北京：民族出版社，2008 年。

第一章　概　况

第一节　日月村及邵人

日月村是中国台湾南投县鱼池乡日月潭边的一个村，是现今台湾少数民族之一的邵人集聚地。日月潭的位置约在台湾岛的中央，位于东经120°55′、北纬23°52′，被水社大山、卜吉社、益积山、潭头山、松柏仑山、猫簾山等所围绕。潭面海拔约740公尺。日月潭被分为两部分，南半部狭小，称为月潭；北半部圆大，称为日潭。日月潭南面有一小部落，即卜吉社，为邵人（Thao）之聚落。①

日月村的街道多而道路复杂，有义勇街、文化街、明德街、日月街、光华街、中正路、玛盖旦街、丰年街、德化街、山明街、水秀街、水沙莲街。地方不大，大街小巷却不少。

邵人原居住的范围，局限于日月潭一带，绝大部分居住在德化社的日月村，少数几户定居在水里乡大平林村。由于大坪林村没有了先生妈，所以那里的邵人也就没有了公妈篮，因此，很多文化事项均已消失。

“邵人”名称的由来，源自邵语 thao（thaw），其本意原是“人”的意思。邵人发源于台湾或者说居住在台湾，历史悠久。

---

① 陈奇禄等：《日月潭邵族民族志调查报告》，台北：南天书局有限公司，1996年，第1页。

邵人拥有自己族群的共同血缘、语言、宗教、文化，以及共同的历史经验，在历史上曾经有过自己本族群的土地疆域。最重要的是，邵人保有其“ita thaw”的本族群集体认同。日本占领时期，邵人被称为“邹族”。

邵人究竟是一个单一民族还是“邹族”的分支？对此，2001年在邵人被确定为台湾少数民族的过程中，可以通过《邵族定位及正名请愿书》来了解。请愿书原文如下①：

谨向敬爱的行政院、萧院长及原住民事务委员会、华主任委员陈述邵族的心声，恳请就“邵族定位及证明”问题予以支持并与成立。

一、由于文献资料的错误，从日据时期起日月潭地区的邵族人即被寇以曹族名义，究其原因除了邵族远祖来自阿里山的传说误导之外，族名THAO邵和THUO曹、邹的发音相似亦为原因之一，现今邵族人的法定地位即依附在曹族（邹族）的名分之下，户籍登记以曹族平地山胞的身份列于九族山地原住民之中。

二、从文化人类学和民族志的学术观点而论，邵族原住民有其完整而自成系统的语言、祭仪、风俗习惯，乃至于物质文化的食、住、衣等各方面，也都另成一格，以其民族文化的特征清晰明白，邵族与邹族之间有显著的差异，显然为两个不同的族群。

三、从体制人类学和遗传学的立场立论，邵族的族群特征也有别于曹族（邹族）。从人类淋巴组织抗原（HLA）和遗传基因（DNA）的医检资料中足以提供充分证明。亚洲原住民联盟组织（AIPP）于1992年至1996年的年鉴中亦早已认定邵族为台湾单一独立的原住民族群，我们恳切期盼政府的官方认定也恢复邵族

① 请愿书的格式是转引自中国台湾国立政治大学民族学系《日月潭邵族民族志调查报告，2001》中的格式。

的固有族名。

四、从社会及行政系统而言，邵族由于从未列入原住民的行政体系，在族群命脉延续和传统文化发展上缺乏政策与法律的保障，无法永续保存邵族特有文化及谋求族群经济的自立发展。

邵族内部的族群意识强烈地自我认同于邵族的族群名称，1998 年 8 月 30 日的日月潭观光及邵族文化座谈会中提出诚恳的正名呼吁和要求，并已获得南投县政府同意及承诺，今后于施政时一律以邵族的族名称呼对待，我们也同样地恳求中央政府的长官们，在政策与法律上给予通盘的考量和修订，给予邵族人应有的尊严和地位。

邵族文化发展协会

由此可见，邵人的文化有其自身的历史与特点。

曾有学者依据邵人的迁移传说，认为邵人是阿里山邹人的一支；也有学者认为其分布与近邻的布农人关系密切；还有学者认为，邵人的文化恰好介于汉族文化与“原住民文化”的边缘，因此有人主张，邵人是最晚汉化的平埔族群，抑或最早汉化的高山族群。

关于邵人的迁移沿革，根据陈奇禄的记录，毛伊力有一段叙述：

我们的祖先原住在 pú · ði（汉音 to-teŋ-a）的地方，后来搬到 la · lu（即光华岛）珠仔山去。那时日月潭水浅，珠仔山很大，所以珠仔山上除了房屋所占的基地外，其四周还有些少田地。在那里我们的祖先居住了约百年之久。那时候，我们有一个很能干的头人，叫做 pajta · bu。pajta · bu 死后，其子 makajtan 继为头人，其时因为清朝政府在珠仔山顶盖了一个六角亭，把原来尖尖的珠仔山削平了顶，我们的“风水”（地理）被破坏了，番人死亡的很多，无法再在珠仔山继续居住下去，于是搬迁到 kankwan（在今之水门一带）。但是不久又四散迁徙……迁徙后，石印、猫蘭一带由姓袁的所统辖，茅埔等一带则另立石姓为头人。其后，因各地番人死亡均多，所以相率迁回石印，住在头社的迁往大平林……至今 20 余年前（日本昭和九年，1934 年），日本人兴造日月潭水力发电工程。我们放弃了 taliŋkwan，迁到现在的地方 barawpaw（卜吉）来。那时 Barawpaw 是汉人的部落，番人很多，所以居地很广。袁姓的辖地最大，自日月潭直至埔里一带都是。鱼池方面是石松加一族的领地，猫蘭方面是石临一族的领地，毛姓领是 wakraθ 一带，而其势力及于水里方面。①

邵人主要有七大姓氏：袁、石、毛、陈、高、丹、白。但是在中国台湾国立政治大学民族学系的《日月潭邵族民族志调查报告》中，认为邵人的姓氏除去上述 7 个外，还包括了黄姓与谢姓。在户籍资料上，黄姓属于平地人的身份，居住在日月村内。从黄姓家谱了解到，黄姓的祖辈曾经是邵人，只是在后来被平地人所收养。谢姓的人出现在陈姓的系谱中，他们自认为是邵人，只是曾经在登记户口及汉姓的时候被登记为谢姓。其实谢姓与陈姓是相同的，并不是被分割的两个氏族。②

由于日月村位居于日月潭的风景区内，因此邵人的经济主要与观光旅游有着密切的关系。餐饮、住宿、工艺品、游艇业等是本村的主要经济收入来源。经过调查，邵人在其中所占的比例不高，邵人经营的大型的产业也屈指可数，称其为“凤毛麟角”一

① 陈奇禄等：《日月潭邵族民族志调查报告》，台北：南天书局有限公司，1996 年，第 2—3 页。

② 中国台湾国立政治大学民族学系：《日月潭邵族民族志调查报告》，2001 年，第 36 页。

点也不为过。

邵人有本民族的语言。在调查中，邵语的使用者主要是60岁左右的老人。邵人中不懂邵语的人占了较大的比例。根据国立政治大学民族学系的调研材料，能说流利邵语的几乎是60岁以上的邵人耆老，不懂邵语的集中为60岁以下的邵人。[1] 可见，邵语面临着随着耆老的减少而逐渐消失的危机。

在邵人的传统社会中实行头人制度。大约在日本占领时期，这些传统头目的势力就已经式微了，改由日本人管理。尤其在与汉人的密切接触过程中，关于头目制度只能从族人的耆老那里得知残缺的旧制。头人的实质功能已被纳入国民政府的行政系统中。现存的头目仅限于宗教层面。传统的头目制度是世袭制度，代代相传。当今有袁姓、石姓两个头目。袁家为正，石家为副。因为在日本占领时期袁姓头目率族人迁至raw，恰好石姓头目率人迁回，这样石姓便取代了袁姓，其后袁姓又回来了，故两个头目并存。传统上头人是全族人的领导，在战争时期为军事统领；在日常生活中处理事务，是执法官与仲裁者。现在的头目袁福田由于身体不适，已经传位给了儿子袁百宏，袁百宏担任着传令的工作。头目现在已不具有传统意义上的统帅作用。邵人的传统社会为父系社会，居住以从夫居为主。传统上实行氏族外婚制。传统的邵人社会事务是由长老会议进行议决。

关于邵人文化，该村成立了“邵族文化发展协会”。该协会成立于1999年，其宗旨是保卫自己的族群文化。该协会以文化复兴、为邵人争取福利为宗旨。在“9·21大地震”后，该协会为邵人的重建发挥了重要作用。

总体来说，邵人是一个人口较少的族群。在相关资料的收集

---

① 中国台湾国立政治大学民族学系：《日月潭邵族民族志调查报告》，2001年，第93页。

中，有的说有600人左右，有的说有300人左右，有的说有260人左右。不管其精确的数字如何，邵人人数较少是一个不争的事实。邵人曾经人口较多、地域较广。追究其衰退的原因，在文献中几乎很难寻得。不过，光绪三年（1877）三月福建巡抚丁日昌所拟之《抚番善后章二十一条》，其中有一条："生番最忌出痘，名为出珠。拟于前后山各设医局，若病则为之医药，并设牛痘医生，为之传种，以全生命。"可见，过去"原住民"最忌出痘。刘枝万先生所著《南投县沿革志开发篇稿》中提到邵人受到瘟疫肆掠而数度迁居的情形：黄汉死后，其子天肥承让六社化番总理缺额，以理番务后，一意继续抚垦、开拓水里、猫蘭及剥骨等地。咸丰五年，招致漳籍4户、14人，移往峇龙及水社。次年又招来黄达理等6户、30人，居住卜吉（即剥骨），并使化番18户，迁居珠屿与水社。咸丰八年，瘟疫大肆，乃使化番28户、56人迁入石印社。咸丰十年，又安插汉人20户、110人于水社及卜吉社。1995年，吴建民在《日月潭湖畔轶事》中写道："主要为光绪五年（1879）初夏，水社恶役传染，流星猖獗，前后连续2年，死亡者200余人，族人遂避迁居中茅埔、新兴、水尾、竹湖等村庄，以致水社衰颓，其影响甚大。"瘟疫发生时，几乎天天有人逃亡。袁明智曾经听到他的祖父袁阿送说，瘟疫发生时，族人的命都保不住，每天都有族人死去，当把死去的人抬出去埋葬后再回到家时，帮忙抬尸去埋葬的人又马上死去，惊吓了全族的人，大家纷纷抛弃家园，走避到水社海边（日月潭边）、地处偏僻且无人的地点，又重新建立家园，每一处都只有几户人家，这样就可以避免相互传染。①

---

① 邓相扬、许木柱：《邵族史篇》，南投市：国史馆台湾文献馆；台北：行政院原住民委员会，2000年，第20—21页。

第二节 邵人的神话传说

在对邵人进行调查时发现，他们有很多神话传说，通过这些神话传说可以了解邵人的文化及其祭祀背后的意义。

一、日月潭逐鹿

邵人传说他们的祖先原来住在阿里山，也有另外一说，即原来住在台南府城附近。

很久以前，邵人的一队猎人在山中打猎时，发现了一支肥硕的大白鹿，大伙儿于是驱赶着猎狗，一路翻山越岭追赶大白鹿。邵人祖先在追逐白鹿进入深山后，沿路在树上以猎刀削下一片树皮作为路标和记号。追赶了几天，正当大家筋疲力尽时，看到眼前竟然展现出一片湖光水色。邵人追逐的那头白鹿走投无路，冲入了湖泊之中，因一路奔逃而发热的鹿蹄被冰冷的湖水一冻，便僵硬不动了。

邵人祖先猎得了白鹿之后，白鹿红色的血和内脏吸引来多得数不清的鱼类争食，随行的长者把捞得的鱼类谨慎地先试食一番，不仅没有中毒，而且发现湖中的鱼美味可口，然后才允许青壮年的族人食用。大家高兴极了，湖泊区不但景色优美怡人，而且湖中有那么多取之不尽的鱼类，这真是上天赐给族人安居的好处所！于是他们赶紧循着削下树皮的记号回到原社并带来族人，从此邵人就在日月潭边定居下来，日月潭成了他们的故乡。

二、公妈篮（祖灵篮）的由来

邵人刚来 lalu（即珠仔山、珠屿、光华岛）定居的时候，头人的妻子怀孕生子，生下的是一黑一白孪生兄弟，这在当时是件大大不祥的事情，于是头人把黑婴丢到潭中淹死。第二天夜里，头人梦见被丢弃到潭中的黑婴来托梦说："今我已死，此后全族每户人家都必须以一篮置放祖先的衣饰，作为祖灵的居处而供奉之，不得有误，否则将有大祸。"

次日，头人将此事告知族人，大家都非常惊恐，于是每家都准备了一只篮子，内置祖先衣服和饰物，作为祖灵的象征。此后族人遇有重大事情，都以祖灵篮作为祭告求佑的对象，而族人也因此享有平安、健康与衣食无缺的生活。

三、白茄冬树王

邵人的祖先来到拉鲁（lalu，即珠仔山、珠屿、光华岛）时，见到水边有一棵奇大无比、茂盛蓊郁的白茄冬树，邵人的先辈们就在树下立誓：愿意子孙世世代代居于此。祝愿族势如茄冬树的嫩叶，年年更新萌芽，茄冬树每滋养一片新叶，即代表族中又增一壮丁，邵人永远如茄冬树一样茁壮常青。

此后，邵人在日月潭边闯荡出一片天地。可是好景不长，随着汉族人的渐渐迁入，矛盾逐渐增加，双方最终爆发了激烈的战争。汉族人被打得焦头烂额。后来那些汉族人得知是由于茄冬树的庇护才使邵人强大，于是派人无数次地去砍茄冬树，但是每次被砍后的第二天茄冬树都会完好无损。汉族人后来经人指点，用锯子锯倒了茄冬树，还用长钉钉住茄冬树的根，泼上黑狗血，用大铜盖盖住树干。茄冬树被彻底摧毁，邵人的势力也就日渐衰颓，接着由于连续几年的瘟疫，邵人人丁损失惨重，只好放弃拉鲁。

日月潭中的拉鲁（lalu）岛

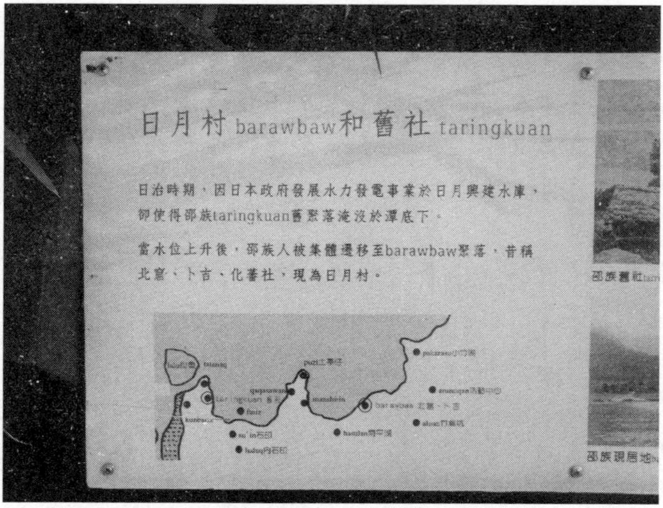

日月村与旧社

现在拉鲁岛上，还存有茄冬树，虽然不像传说中那样高大茂盛，但是这些茄冬树依旧是邵人心中的神树。

四、拉鲁（lalu）岛

拉鲁岛现在是邵人心中的圣地。该岛位于日月潭中，远远看去，如同漂在潭面。据说，天气晴朗、潭水清澈的时候，还可以看见潭底的旧房舍。当我踏上拉鲁岛时，虽然天气晴朗却仍没有看见水底的房舍。

在周一至周五的时候，游客才可以上岛去近距离地观看，周六至周日则只能在游船上远距离地观看。询问其中的缘由，族人说，周末人多了，会打扰祖先，平日人少，上去看看才没有关系。

在拉鲁岛上，可以看见许多宣传牌，其中有一个宣传牌的内容是“日月村 barawbaw 和旧社 taringkuan”：

日本占领时期，因日本政府发展水力发电事业于日月潭兴建水库，而使得邵人 taringkuan 旧聚落淹没于潭底下。当水位上升后，邵人被集体迁移至 barawbaw 聚落，昔称北窟、卜吉、化番社，现为日月村。

邵人在拉鲁岛上生活的旧照，展示了过去的生活环境与原貌。有一个写有“水沙浮屿在山里湖中”的牌子，上面写着一段清代·姚莹的《埔里社纪略》，对该地的描述如下：

十五里而至水里之头社，地颇平广，皆番垦成田甚熟。更进八里则为水社，中有大潭，广可七八里。潭中有小山，名珠仔山。

生活旧照

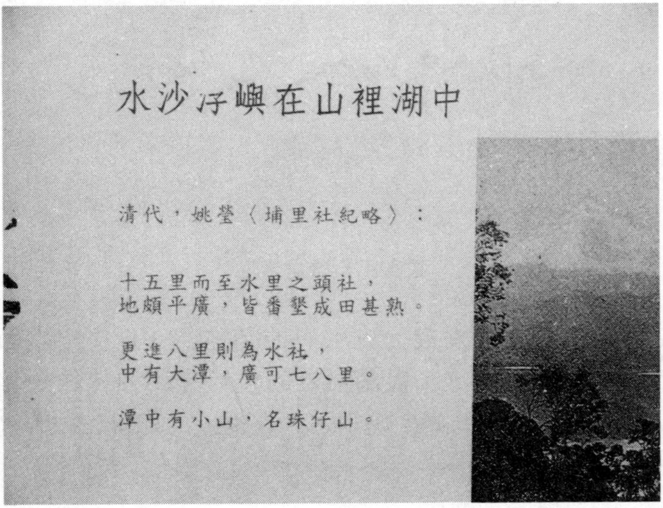

“水沙浮屿在山里湖中”牌

在日月潭没有水力发电的时候，拉鲁岛与青龙半岛之间是可以牵牛涉水而过的。岛上对此有记载：拉鲁岛与青龙岛仅一沟之隔，每年插秧或收割季节，到拉鲁岛协助农忙的族人撑着竹筏、拉着会泅水的耕牛前往岛上。

在拉鲁岛上，可以看见慈恩塔、玄奘寺、玄光寺、拉鲁岛四景位于一条龙脉（山脉）上。在慈恩塔上就可以很清晰地看到“四景一线”的景观。

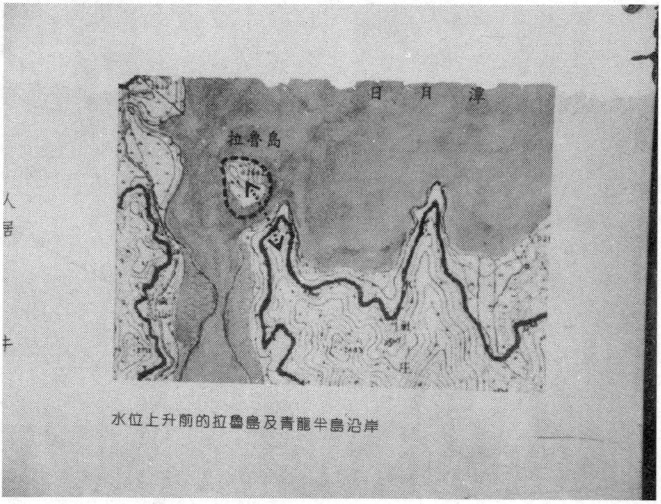

拉鲁岛与青龙半岛

拉鲁岛是邵人妇女成为先生妈的圣地，一旦决定学做先生妈，就必须到拉鲁岛上，得到祖灵的暗示（一种特殊的感应），然后才能正式向前辈的先生妈学习。在邵人的心里，拉鲁岛就是祖灵所在的地方。

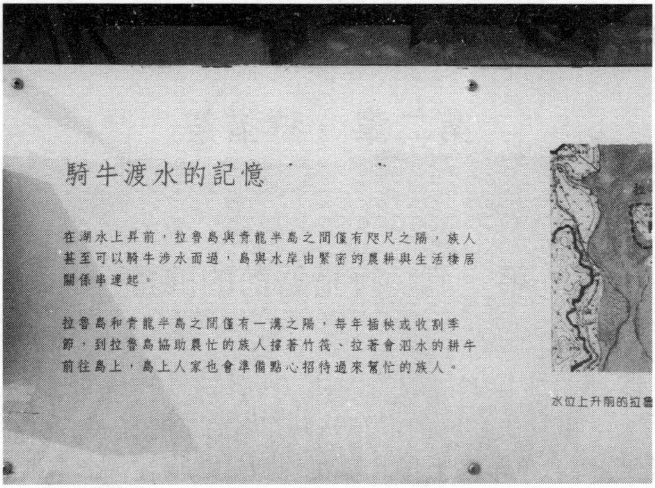
騎牛渡水的記憶
在湖水上昇前，拉魯島與青龍半島之間僅有咫尺之隔，族人甚至可以騎牛涉水而過，島與水岸由緊密的農耕與生活棲居關係串連起。
拉魯島和青龍半島之間僅有一溝之隔，每年插秧或收割季節，到拉魯島協助農忙的族人撐著竹筏、拉著會泅水的耕牛前往島上，島上人家也會準備點心招待過來幫忙的族人。
水位上升前的拉魯

“骑牛渡水的记忆”牌

第二章　狩猎祭

第一节　狩猎祭前的准备

2009 年 8 月 19 日（农历六月三十日）早 8 点半。从台湾国立政治大学出发去台北的汽车站乘车，目的地是南投县的埔里镇。10 点 15 分汽车终于开出车站，中午 12 点在一个车站做短暂停留后继续出发。下午 1 点半终于到达埔里镇。下车地附近刚好有麦当劳店，我买了一个汉堡、一杯橙汁，花了 112 元台币。吃完后给简老师打电话，大约 10 分钟后，简老师开着汽车来了。

埔里盆地

埔里镇坐落在一个盆地上，站在高山上能够看见埔里的整个布局。由于时间关系，没有能够去详细地调查。“埔里盆地”一图是在 9 月 11 日跟随邵人阿雅到埔里镇外的高山上拍摄的。

写有红色字样的大石头

简史朗老师是林修澈教授的博士研究生，现年 62 岁，曾经是埔里镇大成国中的老师，已退休。简老师硕士毕业论文的内容就是关于邵人边界与祭祀体系研究。据台湾国立政治大学民族研究所的黄季平老师介绍，简老师是邵人研究大师，长期从事邵人研究，距今已有 10 年之久；简老师还是邵语专家，目前正在编写《邵族字典》。

在简史朗老师的带领下，我们首先来到来日月潭风景管理处——水社游客中心。水社前面的一块大石头上用朱笔写有“日月潭国家风景管理处中心”的字样。

日月潭风景管理处——水社游客中心

游客中心简介

这个日月潭风景管理处的主要职责不仅是对日月潭风景区予以管理，而且更为重要的是通过举行名目繁多的活动来促进日月潭周边村落的经济发展。每当一个重要的传统节日，该中心都会相应地举办盛大的庆祝活动，不仅吸引台湾地区的本地人，而且对来自外地的游客有着强烈的感官与视觉刺激，从而带动本地的观光事业和经济的发展。为此，该中心对于邵人的文化有着特别的厚爱。

该中心共有五层：地下一层是管理员室。地上一层是多媒体放映室。二层是车站，这个车站是与外界的连接站，从这里可以离开埔里，而后走向台湾各处；也是日月潭边风景游览车的起始站。风景旅游车绕着日月潭四周行走，在每一个景点处都设有站点。这样，游人可以根据自己的喜好选择旅游路线。三层、四层是日月潭风景管理处的办公室。

《日月潭》

简老师带着我首先参观了地下一层，在这里有许多邵人的图片及其相关知识介绍。

首先映入眼帘的是一副日月潭的地形图，上面刻有诗歌。地形图的名称就是《日月潭》：“山中明珠水沙莲，觅幽逐鹿入福田，丰饶物产映日月，欢颜杵歌伴霞烟。”

《邵人风采》

《邵人风采》宣传画中写道：“日月潭的发展目标是以‘高山湖泊’及‘邵人文化’为两大主轴。除了硬体建设及观光活动的生气蓬勃之外，在人文方面，邵人传统文化及祭仪更是引人入胜。邵人目前人口约600人，是台湾原住民中最小的族群，至今仍沿袭传统古制，每户供奉‘祖灵篮’，依循四季时序举行岁时祭仪。三月举行播种祭，八月举行一年中最重要的丰年祭，邵人视为过年。”

宣传画中大多数是黑白色的图画，是翻拍的过去的旧照片，其中有到玉岛祠参观的游客照片，也有日本占领时期的邵人杵音照片，以及当时来日月潭观光的游客照片。

日本占领时期的日月潭观光游客

现代邵人杵音照

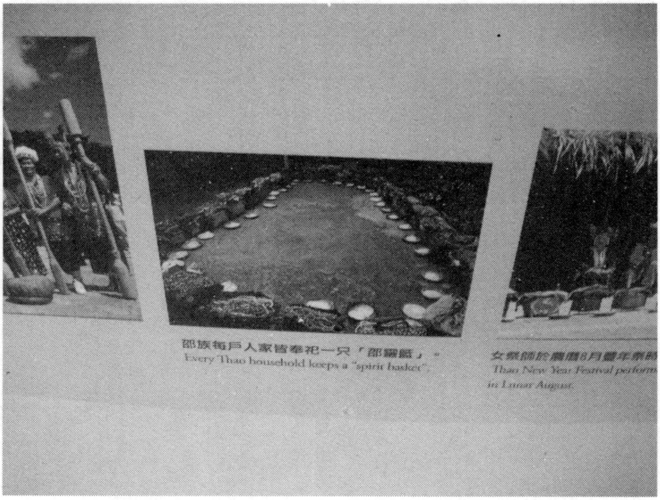

邵人祖灵篮

邵人女祭师在祖灵屋前祭祀祖灵

这里还有反映现代邵人活动的照片，如最具邵人特色的杵音表演照，邵人每户供奉的祖灵篮照，八月邵人女祭师在祖灵屋前祭祀祖灵照，邵人三月举行的播种祭、荡秋千、祈求丰收照，农历八月丰年祭时迎祖灵挨户祈福照等。

除这些有关日月潭与邵人的宣传图片外，还有一些历史性的知识介绍图画。

有一张宣传画上写道：“光绪年间，邵族更因造瘟疫肆虐，人口锐减，因为造瘟迁居小茅埔、石印、竹湖等地，势力大为衰退。日本占领时期，更为了发电工程，再次被迫迁居至卜吉社（即德化社，今之伊达邵）。成为台湾原住民族人口最少的一族，见证着日月潭的自然与人文变迁史。”

历史长河

在《历史的长河》的宣传画上写有：“日月潭与邵族原住民。日月潭位处于台湾中央脊梁山脉西麓地带，略为台湾中央，与鱼池、头社、埔里等地古时合称‘水沙莲’。其周遭地形受褶曲、断层及河川侵蚀等作用，呈现山丘遍布及盆地罗布形势，造就了‘高山湖泊’的优美自然景观。依文献记载，至少在17世纪末（清康熙年间），邵人祖先即居住于日月潭境内及其四周的鱼池、头社、水社、石印等地区，其后因汉人的移垦，以及清朝理番政策的介入，引发一连串‘原汉纷争’及族群迁徙事件，如‘骨宗头目事件’、‘林爽文抗清事件’、‘熟番屯制’，以及随后平埔族群入垦埔里盆地等，牵动了邵人的兴衰命运。”

随后在简史朗老师的带领下，在日月潭边作初步的调查了解。首先我看到一块写有“日月潭”的标志石，随后参观了日本占领时期为发电而建的提升日月潭水位的筑坝。

农历八月丰年祭中迎祖灵挨户祈福

日月潭的标志石

堤坝的水坡

堤坝的旱坡

这个堤坝是日本占领时期修建的，主要的作用是用来拦水发电。这个堤坝使水位上升近 3 米，使得邵人的集聚地由原来的潭中迁移到现在的德化社。

在这个堤坝上可以远远见到邵人曾经居住的小岛（图中靠左边、有树的小岛）。

简老师随后带着我来到了日月潭的进水口处。水是用很粗的水管抽到日月潭里的，这个工程经受了 1999 年 9 月 12 日的大地震。日月潭的进水口处淤泥垒得较高，成为小鸟觅食的好地方。

对日月潭的周边环境有了一个大致的了解后，下午 4 点我们来到伊达邵——邵人的集聚地。

邵人曾经的居住地

淤泥较高，水鸟在这里捕食

街景一

街景二

首先映入眼帘的是许多条街道。街道上的人不多。简老师说，周末的时候人才会多些。这些店面有的是由邵人经营的，所占比例不大，大多数都是由外来人员经营的，主要以汉族为主，当地人称为“ho lo”人，有时称为台湾人或者平地人。

由于日月潭是观光区，这些店面都是为旅游而设，有许多的住宿、餐饮及手工艺品店，还有一些标示着“阿里山”茶叶的店面。街道上让人觉得有点冷清。

店铺里最引人注目的是台湾小米酒，这似乎是本地最有特色的产品，其次是“麻薯”——一种小球状的食物，据说是用当地的糯米做原料碾碎后制成。我尝后觉得味道似乎与糯米汤圆很相似，或者说与北京的“驴打滚”一样。许多店面写有“烤山猪肉”、“烧烤山猪肉肠”等字样。有一个特别吸引我眼球的招牌：“湖南口味臭豆腐”。这家的主人真是来自湖南吗?①

走在街上我遇见了邵人石龙，他是一位邵人理事。自家经营着店面，而他店里的许多雕塑都是由他自己雕刻的。

随后沿着街道来到一位妇女家，是我即将调查的主要对象人——先生妈石音，是现存的五位先生妈中年纪最长者。他们之间说着我听不懂的语言，后来知道是台湾语，即闽南语，不过可以猜测到谈论的主要内容是关于我，因为老妇人不断地向我点头。先生妈是邵人对于女祭司的称谓。先生妈承担着邵人的祭祀活动。

我们接着往前走，来到一个卖饮料的店面前。这是邵人高辉家，也就是我将要居住的户主高莲的二儿子家。高辉的主要收入就是依靠这个店面的生意。高辉 90 岁的奶奶正坐在高家的客厅里。高莲老人家的祖灵篮在高辉家里。高辉一直都致力于邵人文化保护与传承的工作。

---

① 后来专门去访谈了这个店面。女主人来自湖南衡阳，男主人是邵人长老高丰的大儿子。

简老师（左）在店里

高家的神坛

在高辉家我看见了摆在神坛上的公妈篮，即祖灵篮。在这个神坛上不仅有公妈篮（图中左边的篮子），而且有用盒子装着的牌位，还有关羽的神像，以及酒杯和长明灯。这个情形让我感觉到传统与现代、本民族与他民族之间的交融，所有的一切都放在一起，都一起祭拜。

高辉会说普通话，台湾本地区的人称为“国语”。他拿来店面里的一种特产饮料让我品尝。他说饮料是用青蛙蛋制成的。

我们来到街上的袁头目家。袁家头目名叫袁智，由于身体不适，坐在轮椅上。

青蛙蛋饮料

他们家在街上做的是小吃生意，店铺上的招牌写着：小米竹筒饭、刺葱豆腐、岩烤山猪肉、白斩土鸡、盐酥潭虾、现炸奇力鱼、豆瓣潭鱼、糖醋潭鱼、一鱼二吃、蒸刺葱潭鱼、清蒸总统鱼等。这些小吃的价格都不低。

袁家小吃

袁头目的太太会说普通话，我们可以进行交流。袁头目有三个儿子，大儿子约30岁左右，智力有缺陷。二儿子前年（2007）刚去世，二儿媳与袁太太共同经营店面，真正掌管店面的人是儿媳。

小吃店的后面是袁家的客厅。客厅的一面墙上贴着供奉的佛像图，图下方供桌上摆有神像、佛像，以及供品与香火等。

在供桌的左边供奉着祖灵篮，还有装着祖先牌位的盒子。祖灵篮前所安放的长明灯比起旁边正位上的长明灯要明显小得多，没有祭品，只有托盘。

袁智家的神坛

公妈篮与神坛

卦具清晰可见

在佛像图的右前方桌面上，有卜卦的用具，整齐地摆放在桌上。

正在袁头目家拜访的简史朗老师听见外面的谈话声后走出来，只见袁家太太正在店前与一个骑着摩托车的年轻人在说着什么。后经翻译了解到，这是另一袁家头目袁田的大公子袁公子，正在通知邵人明天上午在他家有祭祀活动。邵人主要的七大姓氏——袁、石、陈、高、丹、白、毛，在不同的活动中有着不同的作用。邵人有两大头目——袁家、石家。袁公子是大头目袁田家的大公子，街上的这个头目袁智是袁家老二。明天的活动要在袁家和石家分别同时举行。袁公子今晚必须挨家挨户地通知到，这也是他作为头目的职责。

走过街道，一路上看到许多店面和小吃店，而小吃店经营项目与袁家头目小吃店的差不多。街上有一个比较大的超市——黑松超市，是由邵人经营的，还有一个“seven 7”便利店，是台湾有名的连锁超市。

高莲家的神龛

大约下午7点，我住进了邵人农户——高莲老人家。这家不在日月潭的街上，在日月潭东边的小山上，距离街上比较近。户主叫高莲，邵人，丈夫已经去世。有三个儿子，两个女儿。五个孩子都已成家，女儿都出嫁在外，有一个小儿子住在一起，二儿子高辉在街上做冷饮生意，大儿子在外地上班。她家的祖灵篮在二儿子家。户主家供奉的神龛在二楼。

这个神龛以佛、道教的祭拜为主，左边供奉着祖先牌位，两种不同的祭拜通过对前面摆放的长明灯的比较可见在邵人心中不同的地位。

安顿好我的住宿后，简老师要去做邵语调查，于是我跟着简老师来到了石松家。石松家的墙上挂有“长老”的木牌。石松大约74岁，对邵语十分精通，曾经与简老师一起编著《邵语读本》。石太太是邵人，也精通邵语。简老师与他们之间是用闽南语与邵语穿插着交谈的。在他们的交谈中，我看到《邵语读本》中对我有用的资料，虽然不懂邵语，不懂语言学，但是这些资料对我了解邵人及其语言有着较大的帮助，如日月潭附近的邵人地名对照图。遗憾的是这个图的南北方向没有标识，没有到过日月村的人很难看明白这个图。

长老牌

在石松的客厅里有一组组合家具，中间放有电视机，其他的地方都摆放着家里的日常用品。没有看见祖灵篮，也没有看见神坛。简老师说，他们家与高莲老人家一样，神龛都是供奉在二楼的。

经过这一天的调查，对于邵人的集聚地、邵人的一些文化及相关事项有了一个大致的认识，对于邵人姓氏结构也有了一个粗略的了解。

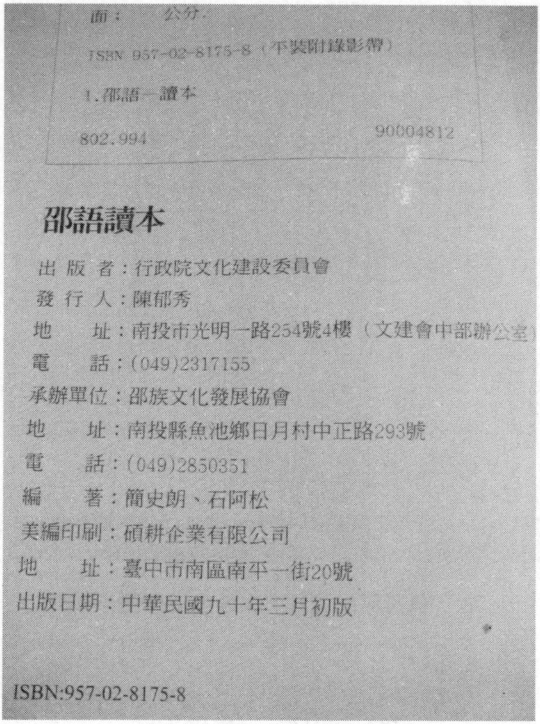
面：　公分.

ISBN 957-02-8175-8（平裝附錄影帶）

1.邵語—讀本

802.994　　90004812

邵語讀本

出 版 者：行政院文化建設委員會

發 行 人：陳郁秀

地　　址：南投市光明一路254號4樓（文建會中部辦公室）

電　　話：(049)2317155

承辦單位：邵族文化發展協會

地　　址：南投縣魚池鄉日月村中正路293號

電　　話：(049)2850351

編　　著：簡史朗、石阿松

美編印刷：碩耕企業有限公司

地　　址：臺中市南區南平一街20號

出版日期：中華民國九十年三月初版

ISBN:957-02-8175-8

《邵语读本》

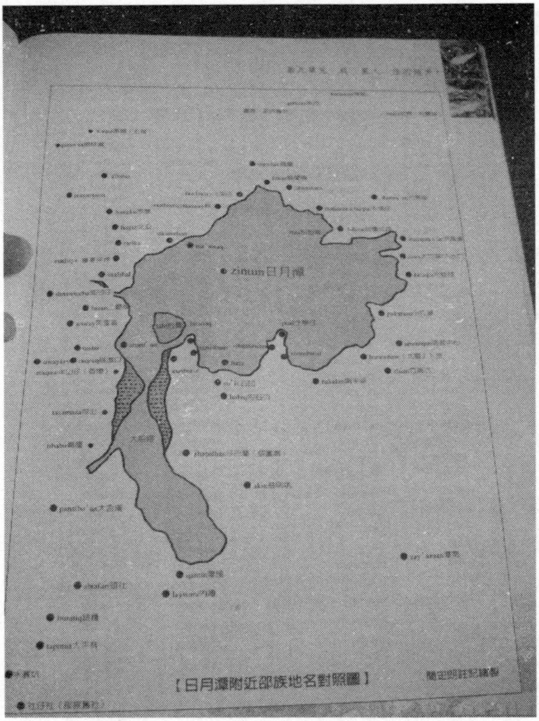

日月潭附近的邵人地名对照图

第二节 狩猎祭

2009 年 8 月 20 日（农历七月初一）早上，起床后在高家的屋前转悠。

高家修建的房子是两层楼。一楼格局为左、右各一间，中间为客厅、餐厅。左、右的房子又各分为前、后两间居室。二楼的格局是一样的。只不过中间的大厅被隔为前、后两厅，前厅是神坛，后厅是小儿子的客厅。

我被安排在一楼厨房位置上的二楼居室里。每一间居室里都有卫生间，有一个衣柜，可以淋浴。看见这样的布局似乎是为了开设宾馆而准备的。

厨　房 （二楼为居室）	餐厅（二楼为客厅）	居　室
居　室	客厅（二楼为神龛）	居　室

高家房屋格局示意图

游动的卖菜车

高家屋前的坎下有许多水箱，这些是供下面的住户使用的。房前有许多槟榔树，正开着花，散发着淡淡的花香，十分好闻。

高家自成一个院落，进屋前有一条小路，不长，却很干净，小路两边的空地长满了野草，有一小块地种满了生姜。在听见一阵喇叭声后，高莲老人准备出去，我也跟着她去看。原来是因为卖菜的车子来了。这个车是游动的卖菜车。车上有猪肉、豆腐、鱼、葱、腌菜等。经过询问，才知道卖菜的不是邵人，是从埔里镇来的。因为从埔里镇到日月村开车只需要 30 分钟。

车子停在他们说的“组合屋”那里。这个邵人组合屋是在 1999 年 9 月 21 日大地震之后为邵人居民搭建的临时住处，修建的时候根据祖灵篮的数目安排住户。也就是说，只有拥有祖灵篮的人家才有资格住进组合屋。组合屋是免费提供的住处。

伊达邵祖灵篮

在组合屋看到了更多的邵人文化元素，比如说雕刻、邵语文字、图画，与日月潭风景管理处看到的有许多相同之处。不过有一张很大的猫头鹰图像，被画在居住的屋子的墙头，上面写着“鸟忌”，十分明显。组合屋中有一间房门口挂有“邵族行政中心”的牌子。

伊达邵鸟忌（猫头鹰）

在进入组合屋的时候有一个牌楼式的大门，上面写有“Ita Thao 伊达邵”。

伊达邵、日月村、德化社这三种不同的说法，表明在不同时期邵人居民的使用情境不一样。伊达邵是特指邵人的集聚地，特指这个组合屋的地址。日月村是一个行政用语，主要是指日月潭周围不仅有一个邵人村落，还包含有汉族等其他民族的行政村。德化社特指街上的日月潭边的范围（见日月潭导览图）。

伊达邵的大门

日月潭导览图

在入口处有一个示意图，说明了组合屋的布局（见伊达邵部落社区导览路线图）。这个图上的红底 13 就是目前我所在的位置。1 是社区入口的牌楼，2 是住屋，3 是邵人行政中心，4 是邵人民族议会广场，5 是邵人语文研习中心（邵语学习教室），6 是水社大山登山入口，7 是陈氏祖灵祭场，8 是高氏祖灵祭场，9 是毛氏除秽祭场，10 是播种祭场地，11 是播种祭荡秋千场仪式及游客临时停车场，12 是露营区，13 是八角楼。

伊达邵部落社区导览路线

有一张在日本占领时期的旧黑白图片，介绍了“化蕃由来”，由于字迹模糊，大意如下：

今日四百拾五年前灵元天皇御代天和元年……蕃丁二十四人……狩猎白鹿一头……来到日月潭发现移住。昭和九年七月，告诉了现在户仅存三十一户，人口数为男 66 人，女 56 人。

“化蕃由来”介绍

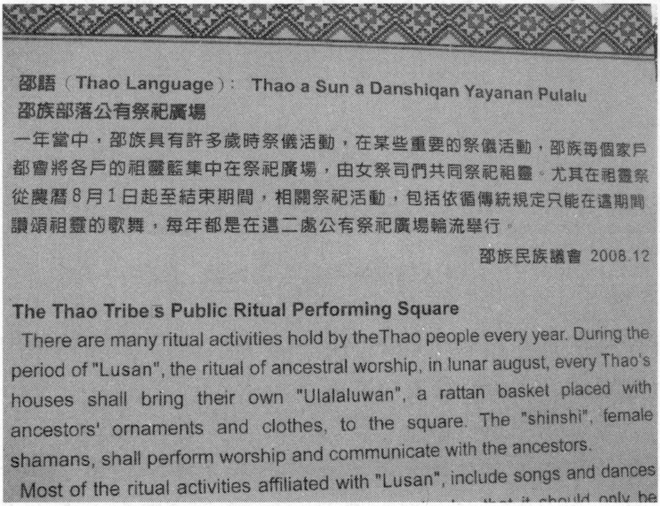

邵人部落公有祭祀广场介绍

在这里还看到了有关邵人部落共有祭祀广场的介绍。邵人部落共有祭祀广场：

一年当中，邵族具有很多岁时祭祀活动，在某些重要的祭祀活动，邵族每个家户都会将各户的祖灵篮集中在祭祀广场，由女祭司们共同祭祀祖灵。尤其在祖灵祭从农历八月一日起至结束期间，相关祭祀活动，包括依循传统规定只能在这期间表演赞颂祖灵的歌舞，每年都是在这二处公有祭祀广场轮流举行。

邵族民族议会　2008.12

这里有很多介绍性的图画和刻字。在两个石碑上分别刻有“邵族头人制度”和“邵族宗教信仰”。

“邵族头人制度”内容为：

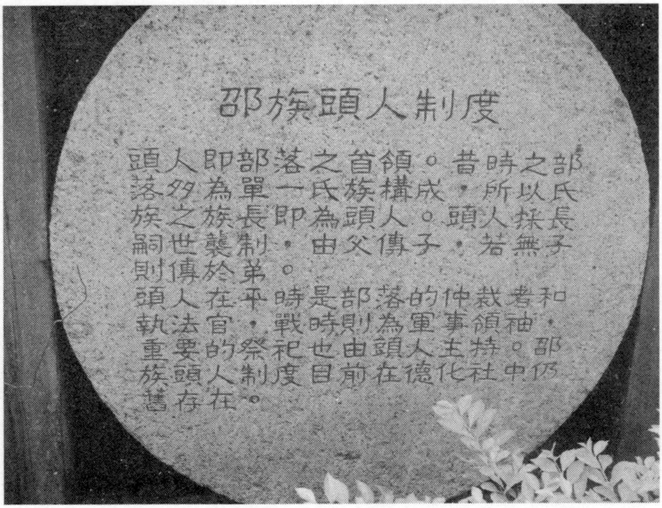

“邵族头人制度”石碑

头人即部落之首领。昔时之部落多为单一氏族构成，所以氏族制族长即为头人。族长是长嗣世袭制，由父传子，无子则传于弟。头人在平时是部落的仲裁者和执法官，战时则为军事首领，重要的祭祀也由头人主持。邵族头人制度目前在德化社中仍旧存在。

“邵族宗教信仰”内容为：

邵族固有的宗教信仰为祖灵崇拜，以祖灵篮为主要的供奉对象。女祭司则为与祖灵沟通之媒介。凭藉祖灵之力量可以制服恶灵之作祟。外来的佛教、道教、天主教、基督教也被邵族接纳，但是祖灵崇拜并未因此消失，而呈平行共存的双重信仰状态。

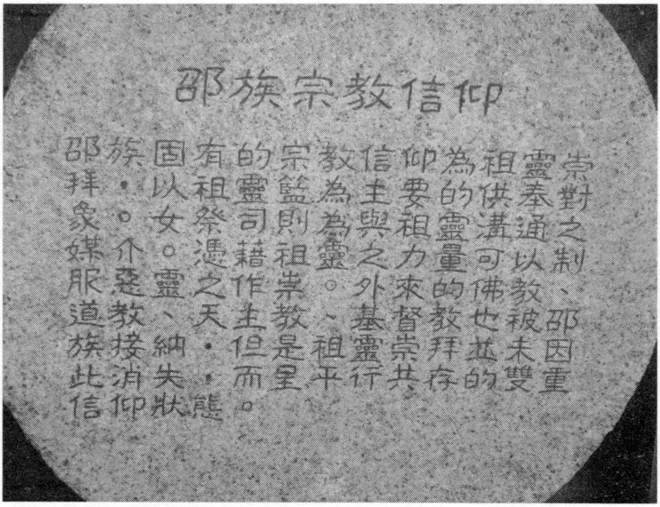

“邵族宗教信仰”石碑

这两个石刻上，介绍了邵人曾经的政治制度与宗教信仰。

在伊达邵出口的左边有一住户，从外面可见家里供奉的神坛，灯很亮。在出口的右边是一个电动车出租的店面，门牌上写有“中正路×××号”。在组合屋出口的马路对面就是日月潭的派出所，全称是“南投县政府警察局集集分局德化派出所”。从埔里来时走的公路名为“中正路”，这也是唯一的一条与外界联系的陆路。中正路的两边布满了店面，有做饮食生意的，有开超市的，还有经营小旅店的。

在组合屋附近转悠的时候，感觉有很多的地方需要去详细地了解。有一家的外面挂有很多照片，摆放了许多邵人的用品，如独木舟、树根雕刻的头像等。由于时间关系，我只是稍微地看了一下，毕竟自己还不熟悉这里的状况。

在我查看组合屋周围环境的时候，看见有人抱着祖灵篮往街上走去，也有人骑着摩托车，载着祖灵篮往街上走去。

8 点多简老师来了，我们一起来到袁家头目——袁田家里。这时我想：有一部专业的摄像机该多好！

袁家的地址在德化街上，这条街不长，住户有汉族人，也有邵人。袁家的南边邻居是汉族人，北边的邻居是邵人。南边距袁家不到 10 米的地方很热闹，那是“逐鹿市集”，是一个演出地。里面播放着现代音乐，声音很响。袁家往北去的方向就是靠近日月潭的中心街道，那里的住户大多开有店面。

袁头目袁田，年纪约 65 岁，由于下肢生病，所以不能走动。在整个祭祀的过程中，袁公子完全代替了他。他有四个孩子，两男两女，二儿子在鱼池乡做公务员，大女儿与小女儿都已成家。袁头目的妻子于 2008 年 5 月去世，通过家里墙上的照片可以了解，这位头目太太曾经做过先生妈。由于袁头目的身体不好，所以四个孩子都在家。大女儿虽然嫁出去的地方比较远，但还是回来了。现在与袁公子一起在“逐鹿市集”的表演团里做演员。小女儿自己在南边的山上养鸡，据说曾经是做厨师的。两个儿子均没有成家。二儿子已有女朋友，由于哥哥袁公子没有成家，所以他一直在等。据说只有大儿子结婚后，下面的弟弟、妹妹才能结婚。

公妈篮是一个用竹篾编制的四方形的篮子，有的显示出年代的长久，颜色陈旧；有的显得很新，颜色亮丽、鲜艳。篮子里的物品有多有少，有旧有新，有衣物有饰品。有的旧物由于时间太久已经在风化了，有的饰品一看就知道是现代生活中的用品。

整理公妈篮就是对公妈篮的物品进行重新摆放的过程。其过程是把篮子里的物品按照由旧到新的顺序从上往下摆放，先摆衣服，装饰品最后摆放在衣服的上面。所有的物品都必须按规矩折叠，饰品要理顺。

整理公妈篮

在整理的过程中，我对送来的公妈篮进行了仔细查看。由于初次接触，不知道其中的规矩，只能用相机拍照。起初看到整理的人有袁公子、先生妈毛美。随着公妈篮的增多，有几个年长的妇女帮着整理。简老师虽然是这里的常客，但也没有动手去帮助整理。送来的公妈篮都很随意地放在场外，有的放在地上，有的放在椅子上。由于还没有正式开始祭拜，所以简老师要我抓紧时间拍照。在简老师的指示下，我开始穿梭于这些公妈篮的中间，寻找我需要的信息。

木桶、拐杖、酒糟

袁公子首先整理的是他自家的公妈篮。我发现他家的公妈篮的篮子比较大，可是装在里面的东西却比较少，而且现代的物品比较多。由于东西不多，篮子较大，所以在摆放的时候，我看见一个年长的妇女帮着用一根布带绑在篮子两边的提手上，这样就把摆放的物品全部显出在篮子的外部。我心里十分纳闷：为什么这个头目家的公妈篮里东西这样少？

来到先生妈[①]毛美的身边，只见她家的公妈篮的篮子颜色很古旧，而且摆放在里面的大多物品也看着有些陈旧，有种沧桑感。最上面的一件衣服，据说是她家老祖宗遗留下来的，衣服的布料有着明显的风化痕迹，还有许多的破洞。毛美自己在整理的过程中，对于这件衣服显得小心翼翼。

在众多公妈篮的物品中，布料类的东西比较多，一般是衣服之类的，这类物品一般都会摆放在公妈篮的下层。最陈旧的衣服摆在上面，越新的摆在下面。摆放在衣服上面的饰品主要是头饰带子、项链等物品。这些饰品有用珍珠制成的，也有用贝壳制成的，还有木制的、玻璃的、塑料的，五颜六色，似乎都在展示着自家的财富。有的篮子里还装有先辈使用过的物品，如烟杆、贝壳、钱币等。

在袁公子家的门外沙发上有一个木桶，这个木桶与平常的木桶不一样。有一根拐杖被绑在木桶上，木桶口上摆放着制米酒的酒糟。酒糟是用一个竹制的簸箕装着的，这个簸箕就放在木桶的上口。在木桶的旁边摆有一个碗，碗是放在一个木制的托盘上的。在木桶的边上还有一个高高的、像酒瓶一样的东西，里面装着白色的液体，从瓶口往里看像是米酒样的固体。

这些东西都具有很强的神秘感。

简老师忙着摆放摄像机，偶尔也会用闽南语与这些邵人交谈。遗憾的是我没办法听懂。

---

① 先生妈是邵人祭祀中的女祭司。调查期间邵人祭司共五位：石音、毛美、石宝、石累、陈美。

这么多的公妈篮摆放在一起，而其主人送来后就离开了，这对于先生妈来说如何分辨呢？我正在思量的时候，先生妈已开始摆弄公妈篮，有时候高高举起它，有时候把篮子转着放，似在寻找什么。原来是有的主人家用笔把名字写在了底部，而有的是用很轻的笔迹写在篮子的不显眼处，有的干脆就用一个纸条写上小名或者代号贴在篮子上。有的篮中饰物或者衣服本身就显出与别人不一样的特色。

公妈篮中的物品

随着送来的公妈篮的增多，更多的妇女去帮忙整理，这个过程持续了近 1 个小时。

在袁公子家门前的空地上（也就是大路上），左右两边用竹竿拦着，房前用绳子围成了一个场地。当场地搭建起来后，有些游客看见这里被拦起来不能经过，便都调头绕行。我问简老师："这样做，给大家带来不便，会不会有人抱怨？周围的汉族人

袁家祭拜的场地

（ho lo 人）会不会有意见?”简老师回答：“不会。这些活动不是现在才有的，大家都知道。周围的 ho lo 人也习惯了邵人的活动。当地许多观光者对邵人的这些仪式感兴趣。”

公妈篮整理完毕，先生妈开始往外摆放。先生妈似乎是有目的地搬弄着这些整理好的公妈篮，所有的公妈篮都被一字形摆放在马路上。正对大门的中间摆放着木桶与酒碗，就是前面提到的、绑有一个拐杖的木桶和用竹盘装着的酒糟。共有 24 个公妈篮。

简老师告诉我，一旦先生妈开始唱歌，这个围着的场地中的任何人就都不得进入了。照相的人也只能站在外围。

袁公子在摆放酒糟和木桶的时候，我看到他不断侧头看向大门口。后来我发现，这个木桶的位置是一定要正对着大门的，而且一定要对着大门的正中间位置。

布置好的祭拜场地

9点袁家正式仪式开始。在袁家祭祀的先生妈有两个，一个是石音；另一个是毛美。在现场，两个祭司把祭祀时的衣服套在了衣服外面，戴上头饰，坐在了袁家大门口，然后手托脸颊开始唱歌。先生妈祭祀时唱歌的语言是邵语，而手托腮边，为的是能与祖灵通话。

今天的这个仪式分别在石家头目家和袁家头目家两个地方同时进行。仪式的内容和形式一样。我们的调查对象以袁家为主，其次是石家。

在袁家先生妈开始唱歌后，当我把录音笔摆在她们面前时，看见了写有“袁公子”、“高辉”的录音笔，还有简老师的录音笔。

9点20分，我随着简老师穿过街上的超市来到石家。在石家我看见了三位先生妈，分别是石宝、陈美、石累。

石家祭拜场地

石家仪式中的先生妈

三位先生妈唱歌时姿势与袁家先生妈的不一样，没有撑手，而是双手相扣、放在腿上。其场地的前面摆放着 21 个公妈篮（开始时只有 20 个，先生妈中场休息的时候又加进一个），公妈篮中间放着木桶、酒糟，而在木桶、酒糟处还摆放着一只鸡腿和一个碗。

9 点 24 分先生妈结束了唱歌。只见石宝端起酒糟来到场地的前面，嘴里说着邵语，把酒糟洒向空中。其他两位先生妈依旧在唱歌。石宝做完后，这个仪式就结束了。

鸡腿和碗

先生妈把供奉的鸡腿拿回来分着吃，同时喝着酒。这些食品是石家准备的。喝酒前，只见先生妈用手指在酒碗里点一下，然后弹到空中，意即奠酒。期间，又有人送来公妈篮。

喝酒时候的奠酒

先生妈吃完后又像开始时那样坐着唱起歌来。这一次与前面不同的是，先生妈唱一会儿后就一边用手指着公妈篮一边唱。每一个先生妈都会指着不同的篮子唱，而且三个人指的公妈篮都不一样。最后，三个人合唱一段后就结束了。

在石家观看仪式的过程中，我看见简老师在与其他几位调查者打招呼。简老师介绍说，年轻的小姐是日本的满天弥生，对于邵人的研究有十年之久了。她来台湾之际就开始作邵人研究，并且一直在这里做调查。满天弥生小姐会说普通话，她还能听懂一些闽南语，但不会说。还有一位先生，是做震后重建工作的记者，对这个邵人的仪式进行拍摄是他个人的爱好，也准备做纪录片的素材。据他自己说，他一直都在关注邵人的建设与发展，所以对邵人的仪式活动只要他听到消息都会去拍摄。

先生妈指着不同的公妈篮说唱

9 点 49 分，三位先生妈唱完后开始撤回公妈篮，只有头目家的没有撤出。木桶也被撤走，但那个酒碗却没有撤出。

只留下头目家的公妈篮

头目家的公妈篮与酒碗

该撤走的都撤走了，该留下的也都留下了。这时三位先生妈开始坐下唱歌，这是专门为头目家的公妈篮唱的。突然，有一只猫跑进了拦着的地方，简老师在外面“嗷嗷……”地叫着驱赶它。我问：“为什么要这样做?”简老师说：“这个拦着的地方是神圣的，猫、狗不能进入，人也不行。”

大约 10 点，我们回到袁家。这时正是仪式中的休息时间，在木桶那里摆放了一个砧板，上面放有刀、碗、盘等，碗里装着像粥一样的东西，盘中有一个大鸡腿。

这边的仪式与石家一样，也是先由先生妈们一起唱，然后分别指着一个公妈篮唱着不同内容。我们到的时候，前面的合唱部分已经结束了。

分别指着每一家唱

唱完后，只见先生妈石音端起这个砧板走到大门口，与先生妈毛美一起开始吃起来。那个碗里装的是米酒，据说这是邵人特有的小米酒。吃完后，简老师让我去看看袁公子把鸡骨头扔在哪里了。我跟着袁公子来到后边，看见他只是很随意地把垃圾放在厨房里。我不明白简老师为什么要关注对这个垃圾的处置，于是询问简老师其中的原因。简老师说，以前这些先生妈吃过的东西，是不会随便扔在一个地方的，不能被狗、猫等动物吃掉，必须倒在阴河里，让其自然烂掉，认为这样做有利于家庭的兴旺，否则就会很不吉利。

整个仪式与石家类似，最后是给头目家唱歌。在撤走其他家公妈篮的时候，似乎大家也很随意地就把公妈篮放在了旁边的空地上。

“酋长”小米酒

一下子带走几家的公妈篮

这时，有的家里来人取公妈篮了。有的家是自己来人取的，有的是托别人带走的。我看见有一个人一下子拿了几家的公妈篮，然后放在摩托车上。在取的时候，主人家会很随意地把篮子里的东西翻一个个儿，把上面的饰品放到下面去，把下面的衣服翻上来。这样做是为了不让上面的饰品被弄丢了。难怪每次祭拜的时候，公妈篮都需要重新整理。

在袁家头目家的公妈篮的祭拜中，我发现了与石家不一样的地方，即木桶、酒糟依旧被留在场地上。当先生妈唱完歌后，袁公子与先生妈一起奠酒，先生妈说一句，袁公子跟着说一句。本来这些仪式都应是由头目袁田做的，由于头目身体不适，袁公子就全权代替了父亲。

袁家头目的祭拜

11 点 30 分，所有的仪式结束了。仪式结束后，我要求简老师帮我介绍先生妈并与先生妈合影，先生妈很高兴地答应了。

邵人甜酒

两处共有公妈篮 45 户。

简老师说，仪式结束后先生妈都会在头目家吃饭，我们也在这里吃。

整个仪式分为三个部分：第一部分是先生妈对所有的公妈篮进行祭拜；第二部分是分别针对每一家的公妈篮祭拜；第三部分是对头目家公妈篮祭拜。我问简老师这样分的原因，简老师说，第一部分是集体祭拜，是先生妈为所有的邵人祈福；第二部分是先生妈根据自己负责的公妈篮分别进行祈福，先生妈在指着每一家的公妈篮的时候，就是把该户的家族人名告知祖灵，让祖灵保佑；第三部分是对头目家单独进行祈福。先生妈就是通过这样的仪式与邵人的祖先沟通，告知举行的活动。

袁家小女儿准备了饭菜。说是吃饭，其实是喝酒。每个人似乎对于饭菜都没有过多的要求。桌子很简陋，只是一张简易的移动桌，上面铺了报纸。菜的数量也不多，主要是仪式上所摆鸡腿的整只鸡的余下部分，其余大多为凉菜，一共有 5 个菜，外加一个汤。主要的食料有豆腐、竹笋、米粉等。米粉是主食。

大家主要是在喝酒。主人让我品尝邵人的“山地酒”。简老师说，这个山地酒是邵人的特产，是用小米酿造的，很像大陆的米酒，只是很稠，有点像粥，酒味很浓。我先喝了一口，酒劲很大，因为在这样的场合不能倒掉，最后硬着头皮喝完。不一会儿，我就感觉有些难受了。幸好这时简老师说要回埔里去办案子，我们就先告辞了。回到住处，我睡了两个小时才醒过酒来。邵人的狩猎祭终于结束了。

为什么当地人把这个祭祀活动称为狩猎祭？在这个仪式背后到底具有什么样的意义？邵人曾经是一个以农业、狩猎为主的族群。从农历七月一日祭拜后，邵人的男性就要进山打猎，为八月的丰年祭准备丰盛的食物。农历七月正是农闲的季节，直到八月农作物成熟的时候，进山打猎的男性才在邵人女性的杵音声里被召回。

高莲老人家下午的祭拜（前图）

高莲老人家下午的祭拜（侧图）

下午 3 点多出门，一走到门外我就看见高家门口摆放了桌子，桌子上摆有许多物品，还燃着香。

桌上面摆放的祭品有桂圆、鱼、肉、饮料、饼干、酒、茶水等，都是可以直接食用的。每一个祭品上都插有一根燃着的香。旁边放有一把椅子，椅子上放着烧纸，黄黄的颜色。椅子前面有一个凳子，凳子上放着脸盆，盆里装有水。脸盆的上面搭着一条新的毛巾。桌子的前面是一只铁桶，里面还在冒着烟，走近后看到这是专门用来烧纸用的。

我向高莲老人询问这是在做什么，她告诉我这是“拜拜”。问其原因，老人说：“七月（农历）是鬼月啊，昨晚（农历六月三十日）鬼门开了，七月（农历）底鬼门才关。今天要拜拜，保平安啊！”

我觉得这不会是高家一户的行为。于是首先跑到组合屋去看，但那里没有人做这个。

随着时间的推移，我了解到组合屋的住户白天一般不会在家，在家的也只是很少的几个人，要么是老人，要么是没事做的闲人，其他人都会去下面的街上做生意。而且大多数住户都只是把这个组合屋作为存放祖灵篮的地方，真正的居住处是在街上的屋里。毕竟这个组合屋是政府临时搭建的，只要稍有经济能力的家庭都会自己重新修建新房，也就是我在街上看见的那些邵人家的高楼与店面。这在农历八月过年的时候得到了证实。

在街头，我观看了一个比较大的酒店“台湾原力”的祭拜活动。几个穿着民族服饰的女性和工作服性质的男性在烧纸。他们身旁有一张桌子，桌上摆满祭品，也燃着香。经过打听了解到，这家女主人是邵人，前几年去世了，现在这个酒店的经营者主要是女主人的姐妹。

“台湾原力”酒店的祭拜

街上的祭拜

后来我跑到街上，看到很多家都在“拜拜”。在一家邵人店铺前我问：“那些家在做什么?”邵人店主告诉我：“这是平地人做的‘拜拜’，邵人是不做的，邵人就做上午的拜公妈。”

街上的店面几乎都在做祭拜，其中平地人（汉族人）的祭拜场面稍微大一些，也就是摆放的物品多一些，烧的纸似乎也多一些。不过，有些邵人的店面门口也摆放着物品在祭拜，如邵人经营的黑松超市。

在民间农历七月被视为“鬼月”，不仅仅是汉族人要做祭拜，邵人也要做祭拜，并不像那个邵人所说的“邵人就做上午的拜公妈”。

然而，当地人又为什么要这样拜呢?经过一系列的询问后，当地人似乎都是一致的回答：“鬼月啊，要拜拜啊，这样才能保平安哦，才会有好处啊。”人们在习以为常的行为过程中，很难说出具体的理由，更不用说学术性的原因了。

在这次询问中，我发现很多人说到“公妈”、“平地人”。在邵人的观念中，“公妈篮”、“公妈”、“祖灵篮”都是一回事，都是指装有祖先物品的那个竹篮子，只有在不同环境下或者面对不同对象的时候，所使用的词语才会不同。关于“平地人”这个说法，其实当地人就是指汉族人，或者说是邵人以外的那些人，因为在街上做生意的大部分经营者都是从外地迁移来的，用邵人的话说就是：“他们把我们的地占了后，抢我们的生意。他们这些平地人会做生意哦，弄得我们邵人没得法比哦。”

由于昨天很忙，而没有来得及参观日月潭，于是今天来到日月潭的潭边，在这里却发现了日月潭与伊达邵“共存”的标志。

日月潭与伊达邵

浮岛

第三章　拜鳗祭

2009年8月22日，农历七月初三（星期六），今天是邵人祭祀中或者说节日中的又一个重要的祭祀，邵人称为“拜鳗祭”。

简老师在农历七月初一曾告诉我，初三是拜鳗祭，形式大体与初一的祭拜差不多，依旧是在袁家、石家分别进行。这一次调查我们以石家为主。

8点我先来到了石家。上次的先生妈石宝正在整理公妈篮。今天，石宝穿着绿色的T恤、粉红色的裤子，脖子上戴着很多饰品，有项链，还有红、白相间的布带。

不一会儿公妈篮陆陆续续被送来了，送来的时候，每家公妈蓝中都有一条被称为“白鳗”的东西。

这时几位年长者开始帮着整理。由于每次结束后，大家都会把公妈篮里的东西随意地翻动一下，所以今天祭祀时又需要重新整理。特别是饰品，翻乱后需要重新一串一串地理顺，并摆放在最上面。整理的过程中最费时间的就是整理项链之类的饰品。

石家头目已经去世，石家头目的太太正在准备祭祀结束后大家的午餐。石家头目太太大约50岁，说话时声音比较大，看起来性格也比较开朗。她有两个儿子，但祭拜时一直没有出现。

据说白鳗是生长在日月潭里的一种鱼，味道特别鲜美、力量特别大，能够捕捉到白鳗是件很不容易的事情。

今天送来的“白鳗”，是用糯米蒸熟后打成粉，做成白鳗鱼的形状。过去是用人力把糯米捣碎再蒸熟，现在都是用机器生产出来的。做成祭祀用的一条“白鳗”，大约需5斤左右的生米。“白鳗”不是每家都做，只有有公妈篮的家庭才会做，一个公妈篮就必须做一条。

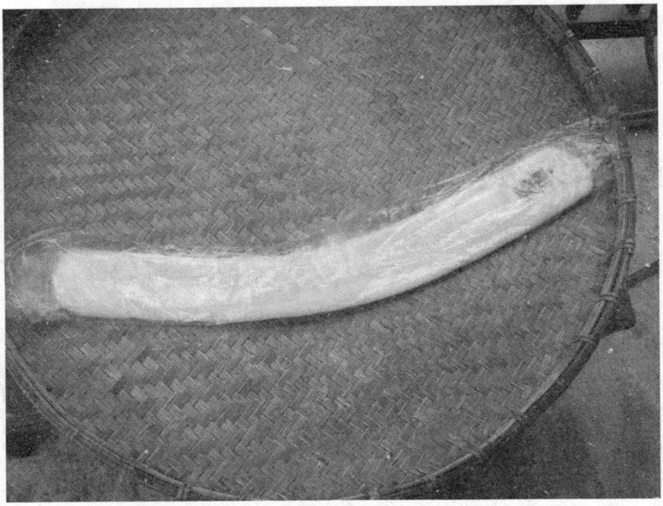

“白鳗”

一起送来的“白鳗”

今天送来的“白鳗”很漂亮，长长的，在一端贴有红纸条，有两颗黑色的珠子镶在上面，这样的构图从远处看真的像鱼一样。走近后，我发现“白鳗”看起来油油的，外面用保鲜膜包着，上面的红纸条上写有人名。看到这，一下子使我兴奋起来，于是拿着照相机不停地拍。随着送来的“白鳗”越来越多，都被放在一个圆圆的簸箕里，一条压着一条，上面的人名也被遮住了。此时，我不知道是否可以随便翻动“白鳗”，便问整理“白鳗”的长者，她说可以翻动，但是不能用力，更不能随意搬动。

在拍照的过程中，我看见有一位送“白鳗”的人端着与石太太家一样大的簸箕，里面装了许多条“白鳗”，那是由许多家一起做的，他帮着一起送来了。

牛骨做的项链

在整理公妈篮的过程中，石宝拿起了公妈篮中的烟杆。我没有打听到这个烟杆的历史，不过，从成色上看，已经很旧了。

先生妈陈美来了。她头上系着红巾，头发上插着红色枫叶状塑料头饰，脖子上挂着十字架项链，穿着蓝色的T恤、红色的七分裤，化了淡妆。陈美的丈夫是邵人独木舟制作者。她的家在组合屋处，屋外有许多雕刻作品。在她整理公妈篮的时候，我看到一些有特色的物品，比如用牛骨做的项链、绣有图案的织物等。

在下图特色织物1的图案中，有两人共持看似梭镖、鱼（白鳗）的物品，两人的外侧手中各握一条蛇形物；两人的头上戴着高高的饰物，似羽毛或树枝，上面绣有菱形的组合链。

特色织物1

特色织物2

在一个祖灵篮中，有一条邵人的原始裤装。在简老师的要求下，公妈篮的主人将裤子展示给我们看。整条裤子就是一块布，腰上是一条宽白布，两端缝有绳子。裤腿由两块红色布缝成，接近腰的部分有两条黑色的装饰带。裤脚边多了一块长约 5 寸的布块，上、下两端均有带子，在左裤腿的下方贴有一个四方形的白色布块，起着装饰的作用（背面可以看出这块布料被完全钉在红色的布块上）。裤腿与腰部一样也用黑色布条镶嵌。每只裤腿都有四根带子。

有的公妈篮看来历史悠久，颜色深谙，里面的物品有用贝壳制作的钱币，有用山羊角做成的项链，还有的是用植物核制作的饰物。但也有一些公妈篮中堆放的饰品看起来比较新，显示了现代的信息，如彩色的玻璃珠、小铃铛等。

不同质地的饰物

场子中祭拜物品的摆放与前一次一样。场地用竹竿拦着，公妈篮依旧一字摆放，中间放着木桶与酒糟。今天的酒糟为红色的（据说，这是由于酒糟时间放置过长而变色所成）。

大约8点半的时候，先生妈石累来了。她大约有60多岁，远远看去，像盛装出场的演员，唇上涂着红红的口红，胸前挂着许多珠链，手上挎着自家的公妈篮，还拿着雨伞。

各家送公妈篮的形式不一样，有的是走路送来的，有的是骑着摩托车送来的，也有的是开着小轿车送来的。有的人送来后没有说一句话，丢下篮子就离开了；有的送来后会询问什么时候结束；有的送来后会停留一会儿，与先生妈谈论几句（用闽南语），但不整理篮子；有的送来后自己整理好了才离开。其中有一户做生意的人家，是让打工的人送来的。

今天送来的公妈篮一共有26个。本来是一个公妈篮对应一条“白鳗”，前面送来的“白鳗”是24条，公妈篮的个数却是

26 个，可见我数漏了两户。

变色的酒糟

祭祀的现场

大约 9 点的时候，先生妈登场，祭拜仪式正式开始。仪式开始的部分与初一那天的祭拜内容一样，先集体咏唱，为集体祈福。三位先生妈咏唱时的姿势依旧很随意，没有用手撑着下颚。

集体咏唱结束后，石太太与几位部人把送来的“白鳗”抬出来。在“白鳗”的中间放了一把刀，上面放着鲜花（在住处的附近采摘的）。“白鳗”放在与木桶、大门处于一条线的位置上。“白鳗”放好后，头目太太拿出供品——酒、鸡腿等物，也像初一那天祭拜时一样摆好。随后，先生妈继续咏唱，直至 10 点结束。在唱的过程中，先生妈好像可以随意地喝水、喝饮料。咏唱结束后，先生妈开始吃鸡腿、喝酒。

“白鳗”与其他供品

咏唱中的先生妈

9 点半的时候，我又跑到袁家。袁家的先生妈石音与毛美正在咏唱。袁家屋里茶几上的大簸箕里堆放着很多“白鳗”。由于祭祀活动已经开始，故我不能随便翻动这些“白鳗”，因此对这边的人名没有石家的那样清楚，只能看见露在外边的名单。

也许今天是周末，袁家的客厅里坐满了人，有的还带着孩子。

在 10 点 15 分的时候石家开始点唱，即每一个先生妈开始指着一户的公妈篮开始咏唱。10 点半的时候点唱结束。

之后撤走了除去头目家的其余公妈篮。先生妈开始专门为头目家的公妈篮唱“祈福”。

大约 11 点，所有的祭祀活动结束。

整个仪式基本需要两个小时。

简老师说今天在石家吃饭。吃饭时，桌上摆放了四菜一汤，鸡、蔬菜、鱼和冬瓜排骨汤，还有一个叫不出名字的菜，据说这个菜只有这里（日月潭的邵人家）才有。

石家的大厅

石家大厅的正中间有一张大桌，桌上摆放着灯、托盘等祭祀用的东西。神坛的摆设与其他家差别不大。但是他家墙上的布置比较有特色。

正对大门的墙上挂有许多织物，织物上的图案颜色有陈旧的也有鲜艳的。这些壁挂显示了原住民的一些服饰习俗。最左边的壁挂图案是一对穿着传统服饰的男女，紧挨着的一幅比较新的壁挂图案是两位穿民族服装的女性。大厅的正中间横挂着两幅壁挂，左边的是原住民正在用木杵劳作的图案，右边的是一位男性用木头做的背栏背着一位女性的图案。大厅最右边还挂着一幅壁挂，上面是许多原住民在抬一艘船的图案。这个船不是邵人的独木舟，而是两头尖而翘的、有花纹的船，这种样式的船是属于台湾岛上达悟人的特色船。在大厅的右边墙上，挂着一张电影海报：2005 年的《神鬼玩家》。

石家的这个布局体现出传统文化与现代文化的交织，人们的生活里可以同时拥有不同的文化与生活的理念。

在石家没有看见石家的两个儿子。如此关注石家的儿子，是因为石家的大儿子才是石姓真正的头目继承人。完成邵人祭祀事务的主人应该是先生妈与头目。

下午 2 点左右回到高莲家，与简老师把名单核对了一下，然后整理上午的记录。

石家公妈篮的户数是 26 家，袁家公妈篮的户数是 25 家。

今晚还有活动，族人都会去头目家吃晚餐。

从袁家带走“白鳗”块

下午 5 点 10 分，我和简老师来到袁家，没见到人，就去石家，也没见人来。在我们返回袁家的路上，看见一个妇女提着一个塑料袋正往石家走，袋里面装着听装的啤酒与一壶植物油。今天的晚餐，不仅头目家要准备，族人也会带上食物去，然后带回被祭拜过的“白鳗”。一直都是这样的习俗。

当我们再次来到袁家时，看到有人陆续送来了一些东西，主要是酒，也有矿泉水。送东西来的人在离开的时候都会带上被切分的“白鳗”块。

切“白鳗”

拜鳗祭的晚餐

袁家有一个人专门把上午族人送来的长长的“白鳗”切成瓦片大小，参加晚餐的族人离开时就带回去几块。有的“白鳗”被切成条状，直接放到桌上食用。

准备工作持续到6点多。这个时候，袁公子开始摆桌子准备用餐。今晚来的人有先生妈、长老、村长，还有一些不认识的人，都是来袁家聚餐的。只要是邵人都可以一起来用餐。

大约晚上7点半，袁家旁边“逐鹿市集”的演出结束了，演员们都来到袁家。这时，袁公子端出条状的“白鳗”递给他们，而他们中的许多人也会拿上两三块直接送进嘴里。袁家的小女儿拿出一些一次性碗、筷，大家开始自己添饭。里面桌子上坐的是头目、长老、先生妈与村长，其余的人都是自己找地方站着或坐着吃。

吃饭时的热闹场景

整个场面，就像我的家乡（湖北恩施土家族苗族自治州）的接客办酒席时一样热闹。但是这里更随意，不用桌子，不用凳子，任何人都是自己添饭、吃饭。相比较而言，我家乡办酒席要正规一些，大家围着桌子坐，有专人服务，一轮接一轮地吃。

大约晚上 8 点，石家头目的太太过来了。我正在诧异她为什么才来，原来，今天的晚饭也是分两处的，先在袁家吃，吃完后大家再转移到石家。石家太太是来接大家去她家的。

石家也有人正在为晚餐做准备。

在石家，大家依旧是在袁家时坐着的人坐着，站着的人站着，里里外外都是人。这时喝酒成为主要的项目，有啤酒、高粱酒、小米酒，还有威士忌等。瓶装的啤酒被倒在一个钵里，用汤勺舀到杯子里，更有甚者直接用杯子在钵里舀酒，也许只有这样才显示出豪爽与直率吧！

整个过程一直持续到大约晚上 10 点。

石家的“白鳗”

在石家吃饭

今天是周末，下午4点20分在逐鹿市集观看了杵音表演。杵音表演中演员有9人，其中8位都是村里的年长女性，另一位是团里的男演员。石音、石累、石宝、陈美四位先生妈也参与了演出。演出的过程中，其中7位要手持长短不一的木杵，其余两位手拿竹筒。

传说，杵音是在农历七月的最后一个晚上，村里的女性为了呼唤进山打猎的男人回家过年，在村里进行的一种仪式。这个仪式只能由女性参加，男性绝对不能碰杵音工具。不过，现代的杵音正如我所见的男女都能参与，在当地学校的乡土教育中，杵音还被搬进了课堂。当今的杵音不再具有传统的意义，而成为舞台上的表演节目，成为男女共同娱乐的节目。

出场表演杵音

杵音是由表演中的7位长者手持长短粗细不一的特制木棍在舞台中间的一块石头上敲击，而在旁边的空地上，两位拿着竹筒的人配合着杵音而敲击地面。杵音的中间有一段长老们的和唱，没有伴奏，没有敲击的声音。据说在深夜，这样的杵音和和唱会传到很远的地方，特别是深山里的猎人一定会听见，从而在初一早上带着猎物回家。杵音的木棍是特制的，是用粗细不一的原木削制、打磨而成，其中有一根木杵很重，敲击时发出的是“duo”音。

凭着几个木杵与竹筒，长老们展示了一种特殊的音乐。特别是长老们的清唱，悠远中带有一种凄凉，高昂中又有着些许的期盼。

表演中的杵音

在调查过程中，我抽空问袁公子：“这些仪式活动每次都在你家做，你会不会感觉很麻烦?”袁公子说：“不会啊，这样做祖灵会保佑我们。这是很神圣的。”

我知道袁公子是演出组的组长，便询问他举行这样的活动要不要请假。他说，不用啊，因为很近，抽时间去看看就好。

每次有祭祀活动的时候，我都会碰到满天弥生，由于她已经在这里做了较长时间的田野调查，也研究了较长时间，因此，我也总会抽空问她一些问题。

我问：今年八月过年会不会有炉主产生?

满天弥生答：估计会有，一个是袁智，另一个是石进，由于袁智身体不好，可能会让袁智做。

我进一步问：为什么大家会来当炉主?

满天弥生回答：这个不是说必须当。首先是要有自己的认同，为大家服务。因为当炉主是很辛苦的，从八月初一开始一直到过年结束的一整月里，炉主每天都要做事。做炉主后，他老婆的名字才会在每次先生妈的吟唱中被点名告知祖灵，得到祖灵的认可和保佑。做炉主也是为了还愿。假如你在祖灵前许愿说要保佑谁，如生一个女儿、生一个儿子、孩子考上大学等，一旦实现，就要还愿，也就会做。

问：这些仪式都已看过，你为什么还要来？

满：每一年都有不同。去年不是在这里办（袁公子家）的，是在街上的袁智家。

问：为什么今年到这里？

满：因为今年袁田（袁公子的父亲）的家分出来了。过去没有分出来的时候，袁智家在街上做生意，开餐馆，场子大。袁田是头目，袁智是弟弟。

问：这样的祭祀为什么会被分成两处？

满：因为有两个头目啊。如果是为头目或者由头目主持，就会在两个头目家做；如果是为全部的邵人，就不会分开。如果是在哪一家做就会去他家。先生妈其实是很辛苦的。

问：邵人社会是一个父系社会，为什么先生妈都是女的？

满：呵呵，这个我已形成自己的观点（见满天弥生的相关论文）。

问：这里邵人除了自己的传统文化和宗教外还信佛教、道教等宗教吗？

满：他们基本上都是信仰双重宗教，除了自己的传统宗教外，平地人的所有宗教活动他们都参加。

问：基督教在街上有教会，邵人参加吗？

满：基督教在邵人中信仰的人很少，只有5户，基本都是布农人带过来的，由于布农人中信徒较多。

问：邵人对这样的多信仰有没有意见？

满：不会。公妈篮中只有先生妈才能与祖先沟通，主人自己是没有办法拜的。其他的（宗教仪式）都是自己去拜。

问：公妈篮中有身份、地位的显现吗？

满：有啊。你看，其中衣物很旧的、东西很多的就是身份高、地位高的表现啊。如果是新蓝，里面的东西就会较少，因为从原来的篮子分给他的时候不会很多。

经过这番谈话，使我对邵人的传统仪式与文化有了进一步的了解，在这个族群里宗教是多元共存的。

第四章　中元普渡

第一节　祭拜的准备

2009年9月1日（农历七月十三），这一天邵人没有祭祀活动，于是我带着自己的问题在日月村闲逛。

在黄季平的《日月潭邵族民族志调查报告》中我看到有关介绍日月村街道的章节时，就感觉其名称繁多。这里虽然地方不大，但是街道较多，单看书上的名称就更使人感觉很茫然。我到街上看过后才知道，书上描述的不是按习惯上的“上北下南”这种标示方向，而是按照走进日月村的路线图。

路上经过组合屋的时候，被一群邵人叫住，他们认识我，而我除了知道他们是邵人外并不认识他们。他们有五六个人，正在组合屋的屋檐下喝酒、聊天。其中有一个年轻的小伙子正骑着摩托车准备上街，于是我顺路搭坐他的车。上车后我才知道他姓石，石家头目的太太是他舅妈。据他介绍，他是来参加邵人八月年的，过年后他就必须参军了，因为他已经到了服兵役的年龄。

我原打算找村长了解一下日月村的人口状况与民族成分的构成情况，小伙子便骑车载我到村长家的门口。他说，村长的车不在家，肯定人也不在。于是我让他把我送到逐鹿市集。到那后碰到袁公子，他告诉我下午2点20分新节目审查，要我下午来看。

我来到日月潭边由一家邵人开的、有较大店面的商铺，在里面有许多颇具民族特色的饰物，只不过这些饰物似乎在很许多地区的旅游景点都能见到，特别是有些饰物在大陆的旅游景点也能看见。其中最为明显的是“台湾高山族”这样的字眼，有的上面直接写着“阿里山”。因为，在台湾地区，阿里山与日月潭是最能代表台湾文化或者说台湾地区特色的地方。当地的小米酒最受欢迎。

闲逛到一家平地人经营的手工艺品店，我看见了有些似乎年代久远的物品，如衣服、门窗、用具等，而且都有着当地特色。由于这些店主正忙于自己的事情，我没有对他们进行访谈。

我又来到一个曾经遇见过的邵人妇女开的店面，看见她正在切竹笋，便自我介绍说是简老师的学生。在聊天的过程中，他们告诉我，八月就要过邵年了。不过，他们也过平地人的年，也围炉。公妈篮只有先生妈才会拜。从有公妈篮开始，这种祭拜就没有间断过，包括日本占领时期，包括他们的父辈在从原来生活的拉鲁（lalu）岛上，后来搬过来居住的长期发展历程中，也没有间断过。她家里开了一间理发店，是由二女儿在经营。大女儿虽已出嫁，但是还在当地做礼品生意，只有周末的时候回来，平时都是由他们夫妻帮忙打理。大儿子在新竹工作。此外，他们还说，这里的竹笋多，一年四季都会有，所以有许多种做法。

经过这段时间的调查，我发现日月潭边的大部分店面都是在周末才营业，平日里仅仅只是闲在那里。有些人平日工作在其他的地方，周末才回这里经营生意。难怪一到周末就会在街上碰见许多陌生的面孔。

来到先生妈石音家。看见她正在门口摆放物品。她家也开了一间店面。

在我与她的交谈中最大的问题是对话困难。先生妈石音似乎不太能听懂我的问话，而她的普通话让我听起来也十分吃力，许多时候都是她用闽南语说，使得我的访谈内容有些模糊。

我根据录音整理的访谈内容如下：

先生妈：我是从 lalu 岛搬过来的，当时只有 6 岁。现在 93 岁了（后问据核实，没有这么大，86 岁左右）。抽的烟牌子是 MILD SEVEN，75 元一包。一起做事的先生妈又抽烟又吃槟榔，还喝酒，但是从来喝不醉。在做法事的时候，祖灵会给她们信号。

我问：现在的年轻人都不来看你们做祭祀，似乎不关心祖灵祭，你怎么看？

先生妈说：现在的年轻人都不学，都去打牌，在组合屋上面（打牌）。先生妈很辛苦。过年的时候天天都要做，天天要喝酒。我 32 岁的时候就开始做，现在是最老的。

我问：一般什么时候像做祭祖这样的活动？

她说：房子修好后要拜拜，结婚的时候要拜拜，我的女儿嫁到香港后在回来和离开的时候我也会拜拜，给祖灵讲。自己做比较方便。我的孩子相信我会给祖先说。

我问：你为什么要学？

先生妈：是我的父母要我学的——学做先生妈。

我问：为什么要做？

先生妈说：不知道呀。我以前有去过 lalu 岛，现在很久没有去了。我去过香港、菲律宾、马来西亚等地。因为我有一个女儿嫁到了香港。

先生妈说：店面中的梅子是我自己做了卖的，住的这个房子是我自己修的。我家东边的房子是台湾人的（平地人），西边的空地没有修房子，也已被台湾人买了。这里的台湾人多，这一条街只有 5 家邵人，那边一条街（文化街）也只有 5 家啊。对面的房子是邵人的。这里以前没有台湾人，我 20 岁时这里才有了台湾人。

我问：先生妈会治病吗？

先生妈说：生病的时候不会请先生妈。不过以前的先生妈治过病，我自己小时候看见过先生妈给病人治病。后来我学的时候先生妈没有教，因此先生妈现在不会治病了。学先生妈首先要做炉主才可以。炉主就是要做原住民的炉主，很麻烦。以前都是由自己做，那个时候没有钱。现在有钱了，炉主都是买了来做。现在没有人愿意做先生妈了，因为很辛苦啊。现在他们（指年轻人）都不会啊。没有办法，不学。我自己出嫁的时候就没有拜。先生妈的这些活动乱来是不行的。现在很多邵人家都像台湾人那样拜拜就可以了。因为不会讲邵人的话，学先生妈又必须讲邵人的话，不会讲就学不会，因此，很多人现在没有办法，只好学台湾人拜拜。年轻人没有工作，打个牌，喝个酒，不学邵语也不学这些，没有办法。

我问：村里不是有长老吗？长老应该教年轻人啊。

她说：现在的年轻人都不听长老的话。现在村里还有15个长老。长老给他们讲，他们还生气。邵人的那个是不能乱来的，必须说邵语。

正在这个时候，卖菜的游动车来到先生妈家的门口。

我问：这些卖菜的人是邵人吗？

先生妈说：那些卖菜的不是邵人，是台湾人。邵人中没有卖菜的。邵人没有船，我家小儿子将会买一个。我自己开有店面，但店面的生意不太好。“文化街”大都是台湾人，只有5个邵人。只有在逐鹿市集那条街上才全是邵人。

我问：邵人现在还种田吗？

先生妈说：邵人以前有田，现在统统卖掉了。我自己曾经种过田，现在有30年没有种过田了。邵人的地都被卖掉了。

我问：为什么卖掉?

先生妈说：不知道。现在都没有了。我妹妹有田，在上面（指日月村东边的山里）。

我问：为什么只有你妹妹有田呢?

先生妈说：因为妹妹没有卖掉。自家的田是丈夫的哥哥卖掉的。以前小孩子赚钱的时候买过一点田，由附近的布农人在种。

她还告诉我：现在的年轻人会听、不会讲（邵人的话）。没有办法学，他们要读书，要学英语，还要学国语（普通话）。她家的孩子都在外面读书。这里有小学，能读到六年级，然后再去埔里读中学，高中去台中，大学去台北，研究所在花莲，还有的去当兵了。

她说下个月就过年了。在她的店里我看见许多饰物都是用竹子做的。

邵人制作的钱包外观

钱包内部

其中有一款饰物，先生妈石音说是邵人曾经用过的钱包，是用竹子做的。每个值1200元（台币）。我看了半天找不到开口，后来还是先生妈告诉了我打开的方法，其整个内盒被外面的盖子全部盖住了。

石音说，这个是真正邵人做的东西。这是她自己做的。已经做了很久，还是她父亲教她做的，现在不做了。

当我问她为什么猫头鹰被画在组合屋的上面时，她说，这里猫头鹰过去有很多，现在少了。以前（有人）怀孕的时候它就叫，老人会说“哪个小姐怀孕了”。现在少了。现在主要是车多，以前没有这么多车。

她告诉我，她家店面有时候有收入，有时候没有，以前大陆客多的时候收入就多，现在客少了，收入也少了。（为什么?）不知道。以前有很多大陆客。大陆的烟很贵，一包就要两三百元。年轻人不做生意，打牌。

下午2点，我来到逐鹿市集，这里正在进行新一轮的节目审查。在舞台的左右两侧，贴着写好的《逐鹿市集主题曲/邵人祝福歌》。歌词写道：“欢迎来到日月潭，你是这里的嘉宾，美景风光献给你，这个独一无二的日月潭。享受美味的风味餐，旁边有美丽的潭水相伴，邵人传奇故事说不完。白鹿、拉鲁岛、茄冬树、猫头鹰夜半传幸福，独木舟遨游水上行，杵音传唱永难忘。”后半部分是用邵语唱的迎宾歌与打猎歌。

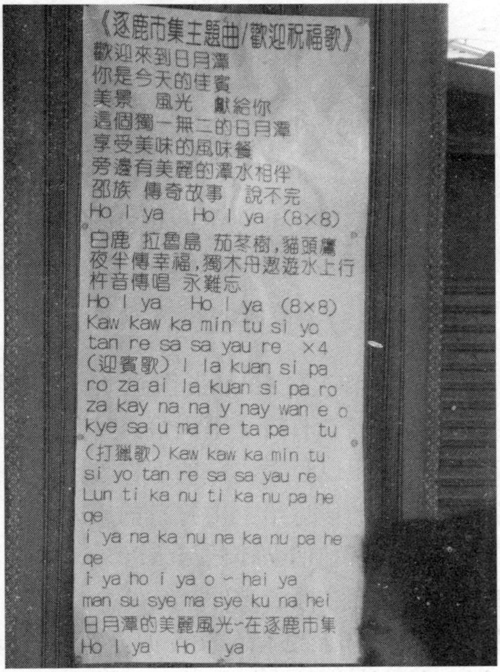

《逐鹿市集主题曲》

看完这个歌词，使我进一步了解了邵人的文化内容：追逐白鹿的传说告知了邵人的来源，拉鲁岛是邵人曾经的居住地，茄冬树是拉鲁岛上的神树，猫头鹰的传说隐喻着邵人的生育观，独木舟是邵人的特有手艺，杵音是邵人的特有习俗。

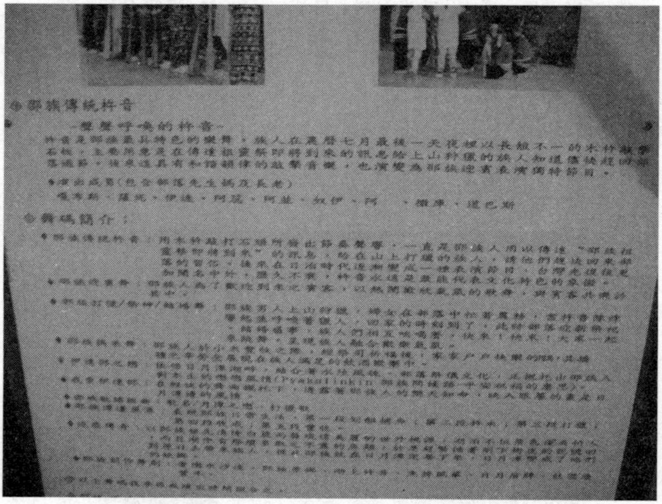

杵音的介绍

在逐鹿市集的外墙上，有一张图画介绍“邵人传统杵音”——声声呼唤的杵音。杵音是邵人最具特色的乐舞，邵人在农历七月的最后一天夜里以长短不一的木杵敲击石板，主要用意在传达祖灵祭即将到来的信息给上山狩猎的族人，让他们尽快赶回部落过节。后来这具有和谐韵律的敲击音乐，逐渐演变为邵人迎宾表演的独特节目，至今闻名中外，经久不衰。

在日月潭边的广告牌上也有对杵音的介绍——舂石音之杵。“舂石音”是邵人文化的主要特色之一，每年农历七月底的舂石音是丰年祭的前奏。舂石音的杵在 6 支至 8 支之间，长度大约为 160 公分至 240 公分。舂石音时每人各执一杵，绕着杵石成圈，各人按照负责的节拍舂击杵石，随即发出音阶不同的声响。由于杵的粗细、长短不同，又有轻重之分，因此敲击杵石时所发出的声响也会有不同的音阶，而组合成多种不同节奏的杵音。旁边还有数名族人手持长短不一的竹筒敲击附和，组成铿锵有致的绝妙乐声。

随着社会的历史发展，杵音召唤男性族人回家的喻义已经被转化为现代社会里欢迎四方宾朋的迎宾仪式。

下午3点简老师到石松长老家做语言田野调查，我随行前往。在访谈间隙，简老师告诉我，邵人社会是一个父系社会。在这种氛围下的家族里，只有做过炉主的女人，才会被家族承认，才会成为家族的成员。

这时石太太用闽南语讲了一个故事，简老师翻译如下：

以前部里有一名妇女，丈夫很早就死了，她就不能做炉主了，而且没有机会成为家族的一员，在祭拜的时候不会被叫出来，也不会被这个家族所接受。她很可怜，成为乞丐，到处乞讨，没有归宿。

简老师说，邵人居住的地方竹子多。竹笋有很多种吃法。他将来会专门做一个有关邵人的植物专案。这个地方涵化严重。有时候人们看见的只是表象。

在石松家里看到了很多准备好的祭品，据说后天是十五，要去拜拜。

这时简老师对我说，他（石松）要拜“地基主”是没有道理的。外来的人才拜“地基主”（拜地基主就是大陆说的拜“土地公”）。

石松说，邵人本来不拜，大家都拜，这里的汉族人占90%，如果自己人不去拜，自己的祖先就没有吃的。因为大家都拜，自己的祖先如果没有人拜，就没得吃。每年农历七月十五，邵人的长老家都会去拜。

我问："为什么拜公妈牌？"石松说："以前邵人住在石印社的时候不拜，到我父亲那个时候就只有一个先生妈了，就是我的祖母。我的父亲说邵人的先生妈如果没了，邵人的祖先就没有人拜了。因为害怕，就模仿平地人做公妈牌，所以现在邵人已经像平地人那样做公妈牌了，大家都有公妈牌。"

从中我了解到，邵人拜的是公妈篮，拜公妈牌是从石松的爷爷那一辈开始的，因为先生妈当时只有一个，也就是石松的奶奶。其爷爷担心先生妈消失后邵人的祖先将无人祭拜，于是就创设了"邵人的公妈牌"，也就是相当于平地人的祖先牌位。从那以后，邵人也就陆陆续续地在家里设公妈牌祭拜祖先了。

石太太说："如果以后我们没有先生妈祭拜，我们也仍然可以拜公妈牌。"

石松说："以前我们邵人是不扫墓的，后来也学平地人扫墓，连捡骨什么的也和平地人一样了。公妈篮祭祀时非先生妈不可，但是公妈牌却是自己家里的任何人都可以拜。石信的父亲和我的父亲是最先奉立公妈牌的。早在石印时，邵人的大厅里都是空荡荡的，只吊挂公妈篮，没有一户有公妈牌，也没有一户有神明漆仔或神像。"

我问："为什么要举行拜鳗祭？"石松讲述后，简老师翻译给我：邵人拜鳗就是把糯米在前一天晚上浸泡上，第二天早上捶。要先放在蒸桶里蒸熟，再放在臼里捶打，趁热捶打，最后做成鳗鱼的形状。

我又问："为什么做成鳗鱼的形状？"回答说："以前鳗鱼在这个海里（日月潭）极不容易被捕捉到，鳗鱼是很强壮的物种，很凶猛，而且这种鱼全身都滑，所以做祭拜就是希望邵人的年轻人像鳗鱼一样强悍、凶猛，不容易受伤。"

简老师的语言调查结束后带我去村长家，村长的母亲和他弟弟一家人在，而村长不在。在村长家我看到一份日月村的 8 月、9 月活动日程安排表——日月潭 1998 年 8—10 月活动一览表（8/6 开会用）。这张表上列有活动日期、活动名称、活动地点与备注。主要的活动有：国际音乐节地方记者会、国际音乐节系列活动、日月潭万人泳渡嘉年华、自行车游台湾活动、中秋月明夜相约日月潭——“妈祖之光”大型电视晚会（两岸中秋节联欢晚会）、日月潭“9·21”十周年纪念音乐会、台湾大哥大日月潭花火音乐会等。

村长的弟媳说：“今年八月十五的中秋会很热闹。”

其实这种热闹的缘由并不是邵人的活动，而是官方在日月潭这个地方举办的一系列活动。也许由于邵人在八月有祭祀活动，官方才会在这里借用邵人的特有风俗与仪式，来推动日月潭的观光业吧。

第二节　中元节普渡

2009 年 9 月 3 日（农历七月十五日），我早上起来跑到高莲老人家的神龛前，看到今天的神龛前摆好了祭品，有水果、粽子等。门外的走廊上放着铁桶，铁桶内燃着烧纸。

去明德宫的半路上能听见哼唱的声音，还有鞭炮声。7 点多我来到了明德宫。

昨天我来过明德宫，当时大门前已搭起了棚子，而马路上没有棚子。今天再来到明德宫，我看见门前的马路上也已搭起了棚子，棚子被布置成为祭拜的场所。

邵人家的神龛

烧纸的铁桶

今天，明德宫前的空地搭建了两个一大一小的棚子，左边的大棚里挂着一些五颜六色的纸条，大的纸条上写有 4 个大字——“宝驾云集”，小的纸条上写有“玉女迎归白莲台，魂仗佛力以超升，红蓬涌出玉楼台，功修法典报孤魂，拔度南柯梦里人，三宝邻坛法会中，恭迎西竺空中佛，启见道场迎圣驾，翠柳佛开金世界，云开经声而顿悟，金童指引西方去”。在 4 个大字的下方挂有不同颜色的剪纸图案，图案上方是八卦样的不同图形，下方是带有纸须的图。棚子的左边有一条长桌，桌上空空的；右边有一张四方桌，桌上放有茶水壶并堆放了许多烧纸。

紧挨大棚的是一个较小的棚子，这个棚子里有 3 个人正在演唱，并有两个人在演奏。

不做祭拜时的明德宫

在棚子的左边入口处，摆放了 3 张桌子，每张桌子都用红布罩着。红布上有的写着：金玉满堂，还有的绣着图案，这些图案上都有与今天的祭拜有关的内容。桌上放着蜡烛、香炉、

农历七月十五明德宫前的马路

果盘、烧纸、鲜花、酒杯等，果盘里有水果和点心，水果是桃子、梨子各3个。中间的桌子上供奉的是“地基主”。桌上立有一个红牌子：恭请地基主。整个左边的墙上挂有两大、五小7个挂像。大的两张分别是关羽与唐僧画像，小的4张分别是第二殿楚江王、第四殿五官王、第六殿卞城王、第八殿平等王、第十殿转轮王画像。

棚子中间是正厅，正厅的上方挂着绣有“佛光普照”的红色条幅。正下方是一张很高的桌子，桌子上供奉着三尊神像。三尊神像的后面用红布搭成一个圆弧形状，上面有红纸黑字，被遮住了，但能看见个“南”字，根据下面露出的字推测为“南无阿弥陀佛”。桌上，两边放有鲜花，前边放有3根较粗的香和果盘，果盘里有水果、点心等。桌前有一张矮桌子，这张桌子是僧人专用的，上面也放有香、果盘、香炉和鲜花。在厅的左右两侧，摆放有两张小桌子，供奉其后方挂着的画像上的神，也用“金玉满堂”的红色布罩着，桌上也放着鲜花、香、纸、果盘等贡品。中间桌子的前面有两个供叩头的垫子。僧人将围着这个桌子诵经书。届时吟唱的有4个人，其中三名女性、一名男性。两个主唱的手里各握有一个无线的麦克风。在唱的过程中，根据经书的内容，僧人还会做出不同的动作，比如转圈、叩头等。正厅的左右两边都各留有一个门。

在棚子的右边墙上挂有画像，大的两张、小的四张，大的分别是观音像与一个神像，小的分别是第一殿太广王、第三殿宋帝王、第五殿阁阎王、第七殿泰山王的画像。

在棚子里还有两名伴奏的人，一名弹的是现代的器乐——电子琴，另一名拉的是民族器乐——二胡。两名乐手的中间放置着一个现代调音设备，并有音箱、功放、碟机等。

七月十五明德宫左前方

七月十五明德宫右前方

在入口处，放着一张桌子，桌子也被罩着绣有“金玉满堂”的红布。每张桌子上都放有与棚子左边桌上一样的物品，只是供奉的红牌子不一样，分别是恭请丹霖大王、恭请司命真君、恭请焦面大士。

整个明德宫烟雾缭绕、音乐不断。

8点的时候，又来了几人，他们穿着僧袍，在正厅的佛像前拜了3下后就开始加入咏唱。整个咏唱队伍共有9人。

据说，这些僧人不是专职的。只有做法事的时候，他们才穿上僧袍来做法事。

在现场我看见了一位女主持，她手持一张名单，上面有我熟悉的邵人名字，于是便拍摄下来。这是今年祭祀的主要承办人名单（该名单每一年都不同）。

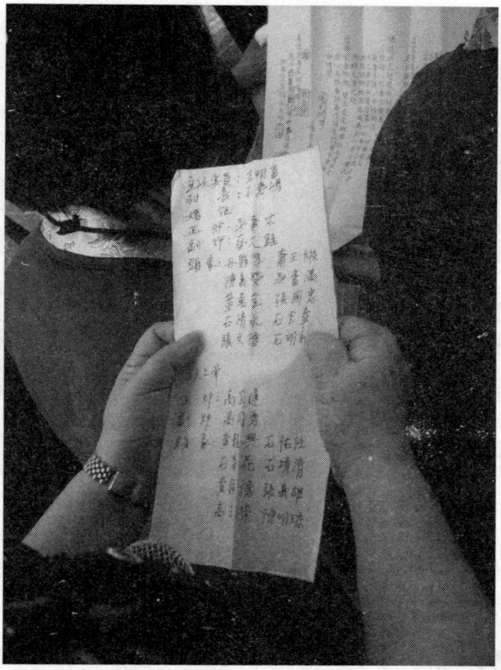

今年的名单

由这个名单可知，这个七月的祭拜不仅仅是平地人或者说台湾人的活动，邵人也参与其中。邵人不仅参与了，而且还成为主要的成员，如玄天上帝活动中的正炉高莲老人就是邵人，村长也是邵人。这个名单中的石姓、丹姓、高姓都是邵人。

今天的活动有两个主要的内容：一是拜妈祖；二是拜玄天上帝。

这个名单上的人是今天活动的主要参加者，我还看见高莲老人的小儿子一直都在现场帮忙做事情，如烧纸、倒水等。

咏唱中的邵人

在咏唱的队伍中有邵人石和。他说，这个祭祀的队伍中只有 3 个邵人，多数是台湾人（ho lo 人）。

马路上的供品

当我在里面棚子进行调查的时候，外面的棚子里的物品已经很多了。人们送来了米、酒、点心、咖啡等，只要是商店里能买到的东西在这里都能看见。每一家都有一个位置，每一家的物品上都立有一个三角形的小旗，旗杆上写着主人的名字。大件的物品上贴有写着人名的红纸条。路边还停着一辆车，专门用来收集人们送来的烧纸。

马路上堆放的物品也越来越多。我问高莲老人的小儿子，是不是全村的人今天都会来拜拜。他说，只要在村里的今天都会来，即使不在也会在别的地方祭拜。他还告诉我，原来的拜拜都在潭边举行，原来（这里）没有庙，这个庙是1983年修建的。有庙以后人们才来这里举办（祭拜），从他小时候就开始有这样的祭拜了。

明德宫志

七月十五的明德宫（文昌帝君）

明德宫中，有3位女僧人正在照着经书吟唱。她们的左前方有一个大木鱼，其中一人在敲击，中间的僧人手持一根香，右边的僧人面前有一个很大的钵，手握一根短木棒。三个人根据吟唱的内容时而叩拜、时而转圈。祭拜结束后，三人便来到外面的祭拜场地会合。

在明德宫的右边墙上，有一块刻有《明德宫志》的石头，上面很清晰地记载了明德宫的历史。

明德宫志

溯源阿里山曹族，远猎追鹿于西峦，始发现珠潭浮屿，乾隆辛丑，黄汉通事，拓越抡龙岭，即汉曹同化，互居湖畔，迨至光绪二年，首建“正心书院”于珠屿上，以开课兴学而大振儒家之文风，如此中华之宗教文化，始奠于此，则本宫之渊源之由来久矣。

追忆本潭初期，荒芜荆棘，今朝竟成，豪华楼宇，蕞尔僻区，遂化作天然名胜，且位居台岛中核，四季如春，八面峦峰罗列，叠嶂插天外，有双龙戏珠于湖面，潭分日月，合蕴天地精华，故千古之隐处者有人，万代之遨游者甚众，山族杵音，和歌于夏日，墨客兴怀，畅吟湖秋风，渔人摇舟唱晚，夕阳返照波光，游人醉斛迷月，流连忘返，比之瀛洲琼岛，无此佳胜也。

自从珠屿上之正心书院倾废后，其弘学主神，文昌帝君，即暂奉于人家，或奉于益化堂而至文武庙，历程花甲有余之悠久岁月，则无本堂宫阙可归，故此善信等，目睹心伤，经由地方组成筹建委员会，杨戒郡为堂主，毛国雄为主任委员，王明富、石明和、王春友、张鸿庆、丹西原、范庆龙、桊火炎、毛老先、陈松如等为委员，王宽田为总干事，张坤浴为会计等竭力募捐筹建，经卜庙址于北掘，有纱帽显官之穴，朝应从笔凌云，一登圣域，纵目远眺，湖光山色，尽收眼底，景胜方一员桥，实为毓秀钟灵之地，故名为“正宫书院”，经于壬戌年十一月二十三日动土兴工，雕楹画栋，历经八载，于己巳年季冬，举行镇坐大典，而藉此辉煌之庙貌，以添湖光山色，有此灿烂之结晶，功在各界善士之虔诚捐献，既诸委员之孜孜不怠，足值勒石永志，以垂不朽云尔。

紧挨石刻的墙上张贴着“1997 年天上圣母妈祖收支明细”。其中收入为：（1）丁钱（每丁 150 元）813×150＝121950；（2）4/27 进香结余款 1500 元；（3）1996 年结余款；（4）乐捐，总收入为 254450 元。支出包括有 13 项：卡拉 OK 布袋戏、妈祖回峦添油香、羊肉、猪肉、1998 年中元节普渡、帆布架、点心费、金香牲礼、黑松（超市）五牲、富产（超市）杂费、沙东宫车资香油、布带歌剧固定金、新交旧餐余支等，总支出 141570 元。

此外，该墙上还贴有“1998 年天上圣母妈祖”与“1999 年度玄天上帝千秋”名单，这两份名单是此前我在一位主持手中所看见的。当我再次来到棚子外面的祭拜场地时，看见那位主持手里多了许多牒文（纸条），便借来看。牒文是打印的，有固定的形式。其中一款牒文是用黄色的纸打印的，牒文如下：

是曰　奉

佛宣经　求　拔渡超升事沐恩信士

明德宫管理委员会主任委员王明富（人名为书写）执事既善信人士等　言念五言杂汇

无祠男女孤魂等众切以人生有限　岁数难期本望百年长享谁知一旦永终涓今吉旦明德宫敬仗圣门启建法会普施道场法事

宣礼

慈悲宝涤除孤魂无始衍尤午呈妙供颁降

赦恩赈恤孤魂饥备财纳库

仰叩佛恩祈求超度今则本日在坛中内庭增玉如之献时当其午效香、花、灯、涂、果、茶、食、宝、珠、衣诸般果品

敬奉

三宝慈尊诸大菩萨　四府高真合坛哲众一切等神全临法会普同供养纳善信之虔诚受信心而供养

右谨具表

进献以闻

岁次乙丑年七月十五日具表上进

明德宫主任委员会

众善信人等同焚香顿首九叩

上申

在最后的落款处盖有“佛法僧三宝印”的红色印章。

这一牒文装在一个黄色的纸质狭窄信封里。信封的右侧写有“恭呈”，中间写着“昊天金阙玉皇大天尊玄穹高上帝玉陛下”，左侧写有“明德宫管理委员会谨呈”。在写有“陛下”的地方盖有“文昌帝君印”的红色印章。

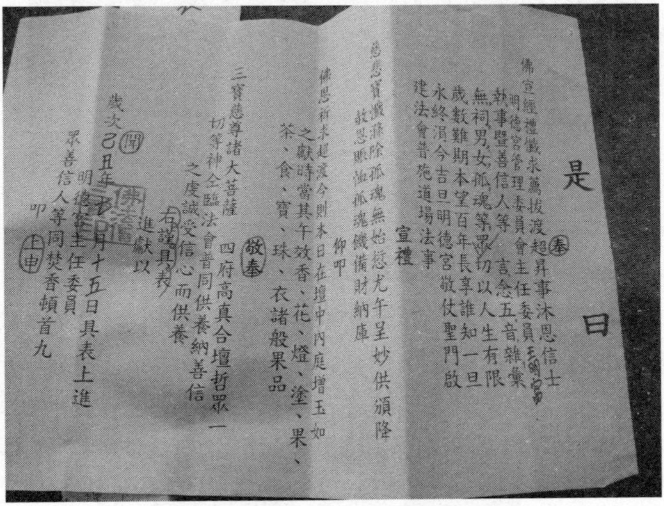
是日
奉
佛宣經禮懺永薦拔渡超昇事沐恩信士
明德宮管理委員會主任委員王明富
執事暨善信人等　言念五音雜彙
無祠男女孤魂等眾　切以人生有限
歲數難期本望百年長享誰知一旦
永終洞今吉旦明德宮敬仗聖門啟
建法會普施道場法事
宣禮
慈悲寶懺拔除孤魂無始愆尤午呈妙供頒降
救恩賑施孤魂饑備財納庫
佛恩祈求超渡今則本日在壇中內庭增玉如
仰叩
之獻時當其午效香、花、燈、塗、果、
茶、食、寶、珠、衣諸般果品
敬奉
三寶慈尊諸大菩薩　四府高真合壇哲眾一
切等神全臨法會普同供養納善信
之虔誠受信心而供養
右謹具表
進獻以
聞
歲次己丑年七月十五日具表上進
明德宮主任委員
眾善信人等同焚香頓首九
叩　上申

黄色的牒文

其他牒文装在用白色的纸做的、大小相同的信封里，牒文是用白色的纸打印的。白色的信封右侧写有“内牒给付”，中间写有“宣礼慈悲十王宝经，玄当开第全卷玄文云终圣门谨封”，最后几个字处盖着红色印章，印有“佛法僧三宝印”，左侧写有“本境五音杂汇无祠男女孤魂等众收炤”。共 10 个白色的信封，其中 9 个与此稍有差别，即中间的“宣礼慈悲十王”的“十王”被替换为“解运”、“血盆”、“城陌”、“地藏王”、“五斗”、“金刚”、“药师”、“弥陀”。还有一封被“水经”替换，落款处是“本境地基主众收炤”。

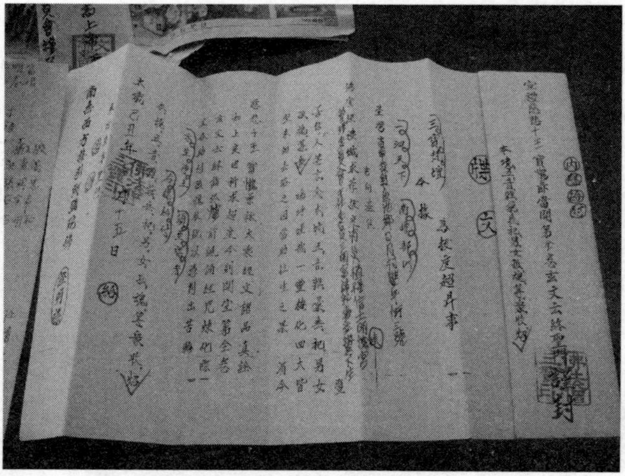

白色的牒文

牒文的内容大致相同，只是里面的名字不同，主要内容与黄色的相同，为“无祠男女孤魂等众”的普渡。

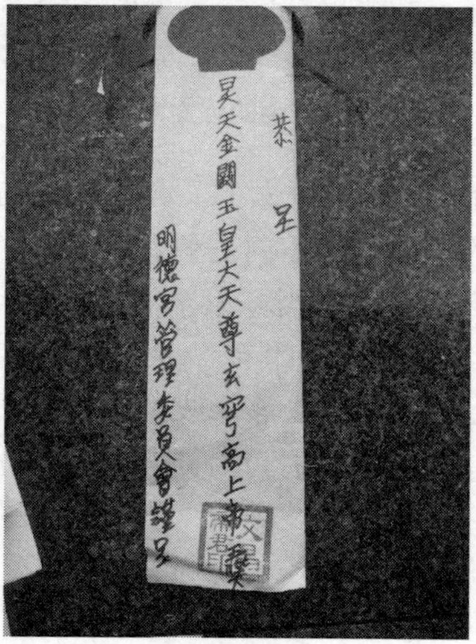

黄色的信封

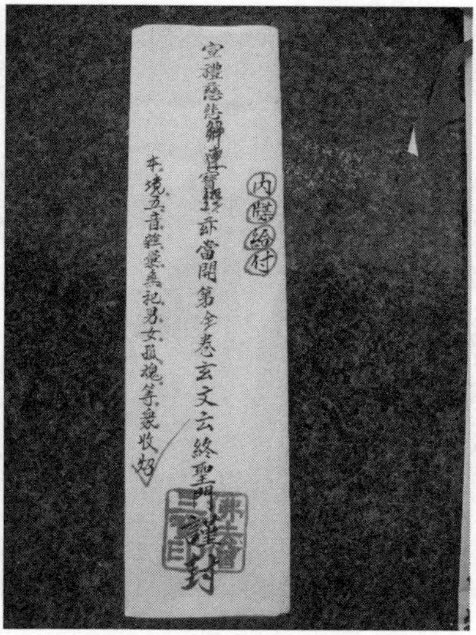

白色的信封

红纸做的梅花竹签

不断地烧纸

据说，这些牒文都是在法事中需要吟唱的，唱过之后就会被烧掉。

在这些牒文中有一个纸包，打开后看到的是用红色的纸剪成的梅花竹签。

在僧人诵经的过程中，村长、高莲老人的儿子及没有诵经的僧人就在祭拜场地的坡上不断地烧纸。

在左边的棚子里，有两位老人坐在写有“乐捐处”的地方，正专门写账簿。这两位老人还负责在外面供品的小旗上写名字。在老人背后的墙上拉了一根绳子，绳子上挂着写有人名与捐款数额的红纸条。

上午 12 点祭拜活动结束了。据村长说，下午 2 点多还有新的祭祀活动。

记账的老人

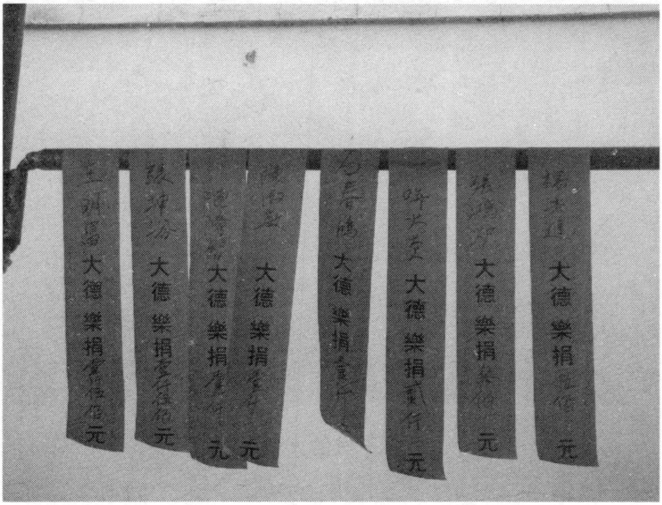

捐款的红纸条

吃过午饭，12 点半我又来到明德宫，这里的人们还在休息中，但是在左边的棚子里却多了许多东西：

一张桌子上摆放着一头宰杀后的全猪，被供奉在棚子的左边。全猪的旁边还挂有内脏（心、肺、肝）、一条全鱼、一只全鸡。猪的身上盖有“钦拜”印章。猪前面的桌上放有香、酒与酒杯，还有吃的供品。

在棚子的中间多了一张由几个方桌拼在一起而成的大桌子，桌子上摆放了一些用一次性碗装着的熟食，每个碗中都放着一根燃烧着的香。这些都是村民送来的祭拜物品。另外，每家的祭拜物品里一定要有酒，这些酒被倒在一次性的酒杯里，酒杯上放有一根燃着的香。

棚子里的大桌

牲礼

棚子的右后边也多了一张大桌子，桌上有花，以及先前提到的用红纸做的竹签，还摆放着许多点心。桌前挂有黄色的大纸，写着“甘露法食”。

明德宫正门对着的马路上，多了一张桌子，桌子前挂有红色的绣布，桌子上供奉着一个牌子，上端写有“请召”，右侧写有“孤魂戴魄困千秋”，中间写有“本境内五音杂汇无祠男女孤魂”，左侧是“日月如梭去？留”，下端写有“香位”。桌上还供奉有花、香、蜡烛、果盘等。

在我观看的时候，简老师打电话给我，让我去石音家的那条街道上。我迅速地跑过去。原来简老师在先生妈石累家，先生妈石累正在自家门前摆放祭品。

明德宫正对面的马路上的牌子

“甘露法食”桌

先生妈石累说，当地人把这种仪式叫做普渡。今天是农历七月，要拜拜，拜好兄弟。

石累下午 1 点开始拜拜。两张桌子拼放在一起，桌上摆放了许多的东西。有专门插香的灰桶；有 3 个一次性的塑料杯子，每个杯子里装有半杯酒，旁边放有写着“红标米酒”字样的酒瓶；有 4 个铝制的菜盆，分别装有豆腐、竹笋、肉及米饭，这些都是煮熟的成品，可以直接食用；有一个大盘，上面装有一只全鸡，用保鲜膜遮盖着，只露出鸡头。其他还有果盘、烧纸，以及牛奶、手工面条、可口可乐、快餐面、南瓜等。每一样祭品上都放有一根燃着的香。

在桌子的前面有一个小凳，上面摆了一个盛着水的盆，盆上横担着一条毛巾。

准备的烧纸

祭品摆好以后，先生妈拿出一沓烧纸准备烧。烧纸上印有很多图案，如西服、旗袍、礼帽、男式皮鞋、女式高跟鞋、拖鞋、打火机、香烟、剪刀、梳子、缝纫机、电视机、电冰箱、梳妆台、小轿车、摩托车、手机、台灯等。

在烧纸之前，先生妈又拿出一盒香，先在自家的香炉中插上一炷，然后再分别在自家的水池边、门前、路边插上香。

据说，在台湾这叫“拜门口”。台湾把农历七月叫做“鬼月”，传说七月初一开“鬼门”，七月十五是最大的普渡，七月二十九“关鬼门”。这些孤魂野鬼叫做“好兄弟”，一年当中七月初一、七月十五、七月二十九都会这样“拜门口”。七月十五做得最大，有庙普、路普，摆上脸盘，放水。摆毛巾，表示让好兄弟净手，有好的“享用”，请他享用。这最初不是邵人的习俗，而是受周围人的影响。石累是先生妈，她家的祭拜具有代表性，所以我们要来看看。在台湾，很多庙只有在这个节日里举办的活动最大，这与台湾的历史有关。由于战争使许多死去的人没有人去为他们收尸，于是人们就通过祭拜以慰亡灵。届时要杀大猪公来祭拜。人们认为没有主的好兄弟很可怜，为体恤他们，从七月初一到二十九（不固定哪个庙）只要大家商量好就可做庙普，即庙普渡。

先生妈的女儿说，由于先生妈今天会拜许多地方，所以拜得早。她（先生妈）很喜欢热闹。

先生妈石累说，现在大家（台湾人、邵人）都住在一起，所以都拜拜。这样可以保佑平安。

简老师用闽南话问石老太太：“为什么摆放脸盆?”石老太太说：“不知道，就是跟着习俗做。”当地大多数人都是如此——虽然不知道意思，但也会跟着做。

邵人家中摆放的祭品

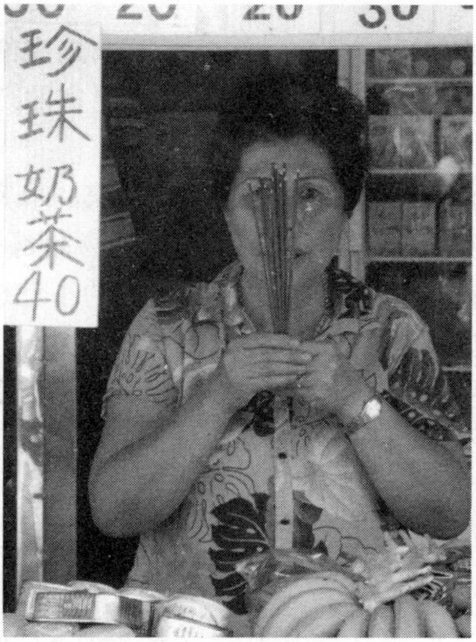

柜台上祭拜

路边插香

先生妈家的隔壁邵人也在做“拜拜”。这家的祭品多了一整瓶的油。这家没有专门摆放桌子，而是在自家的“现煮咖啡”柜台上摆放祭品以祭拜。

回明德宫的路上，路过邵人头目袁智家。他家的店面前摆着丰盛的祭品，也在“拜拜”。所有祭拜的物品都被摆在了桌上，有啤酒、大瓶的饮料、粽子、生姜、油炸的小鱼、一整只鸡，还有许多大包大包的点心。

下午1点半来到了明德宫，这时僧人陆续也来到明德宫前路边的桌子边诵经。有11个穿着僧袍的人，围着桌子，3人手持麦克风，1人手持大木鱼，2人手持小木鱼（一个小木鱼是黑色的，油亮油亮的；另一个小木鱼是木制本色）。有两人专门手持经书，一人手持铜铃样的法器，一人手持敲击法器的钹，还有两人双手合掌置于胸前。桌上的经书也被翻开。大家都需要照着经书诵经。

在桌前大约2米的地方，有一位老太太手持香烛，恭敬地听着。在这位老太太的旁边，还有一位没有穿僧袍的中年妇女，手持经书与麦克风，站在离僧人队伍大约 1 米远的地方，也在诵经。

袁智家的“拜拜”

明德宫前路边的诵经

村长对面家的拜拜

村长家在明德宫的隔壁，在诵经的过程中，村长家也在进行着“拜拜”。他家门口放有两张桌子，有两个烧纸用的铁桶。村长家建的是两层楼的小洋房，小洋房外面的装饰很精致。村长对面的平地人家门口也有“拜拜”。

这种祭拜不仅显示了当地人对这个节日的重视，而且透过祭拜的物品似乎也能看出不同家庭的经济实力。

大约在下午 1 点 40 分的时候，路边的祭拜队伍围着桌子走了一圈后，就边唱边走地来到大棚中布置有“甘露法食”的桌子边。走到桌边的时候，除去坐在中间的石和外，其余僧人都是从石和的背后交叉地走回自己的位置上，即站在左边的从右边经石和的背后走到位置上，站在右边的从左边经石和的背后走到位置上。桌子上摆放了许多经书，有的是红色封面，有的是蓝色封面。僧人们在桌子边站着唱了一会儿后才坐下来。

坐下后的僧人继续诵经，桌前有两个人手捧香烛，一左一右、面朝外面的马路。

这个时候来了几位祭拜者。他们带来了物品，并将之摆放在拼好的大桌上，然后手持燃着的香，站在大桌的里端，朝着马路的方向三鞠躬。祭拜的过程结束。

从这个时候起，祭拜的人陆陆续续地来了。大约 2 点的时候，先生妈石累带着物品也来祭拜。祭拜后，先生妈石累替换了其中一位手捧香烛的老太太。这时，在她手捧香烛的手里不仅有香烛，而且还有一些白色的碟文。

人们围在“甘露法食”桌边诵经，一直持续到 3 点半。这个时候陆陆续续又来了一些人。3 点半，石和站起来了，和那位没有穿僧袍的妇女，边唱边把桌上的供品向祭拜的人们撒去。这个仪式叫做“发平安”。其中大米里掺着台币中的硬币，有 10 元的，有 5 元的，还有 1 元的。硬币的一面用红色的墨汁写有“佛”字，另一面用红色的墨汁写有“吽”字。

先生妈来到明德宫祭拜

硬币的“佛”字面

硬币的“吽”字面

有些老人祭拜后没有离开，他们拿出早就准备好的口袋，纷纷拣起洒在地上的点心、硬币。据说，这些供品被诵经后具有保护人们的作用，即保平安。一位老人给了我一枚硬币，也祝我平安。

桌上的所有供品被发完后，僧人站起来诵经。这时坐在靠外面的僧人拿起盘子里用红纸做的竹签，开始做如“击鼓传花”一般的仪式。人们唱一段后就给里面的僧人传一只，一直到所有的竹签都被传到石明和的手里。大约 4 点的时候，所有的牒文与竹签在诵经结束后被拿到前面的坡上烧掉。

在这些仪式结束后，白天所有法事也就结束了，大家开始撤法场。所有能烧的都必须烧掉，如牌子上写有字的纸，大厅上面五颜六色的纸条，写有“甘露法食”的黄纸，包括上午左边的祭拜场也撤掉了。但是画像被收起来，鲜花、果盘、香烛等也都被收起，包括左边大桌上的所有食物也统统被收起，并被送来的人拿回去了。

传唱竹签

烧掉牒文与竹签

撤掉牌子

焚烧纸条

空地焚烧烧纸

由于送来的烧纸太多，在明德宫前没有办法一次性烧掉，就用专车拖到了离明德宫不远的空地上去烧。

下午，“乐捐处”的红纸条没有增加。空闲时村长告诉我，棚子里那些五颜六色的纸条上的字都是他写的。他一边说着一边拿起记账用的笔在烟盒上写下了记账中年纪比较大的老者的名字——“哖火炎”。村长在写的时候，没有人们意识中的“原住民”或者“少数民族”的概念，人们对村长多了一份敬佩的心情。村长还讲起了哖火炎去年（2008 年）被毒蜂蜇了以后“命大”没死的事。哖火炎去山上挖竹笋，碰到了蜂窝。这种蜂名叫虎头蜂，毒性很大，在哖火炎的头上、身上都蛰了很多下，使哖火炎

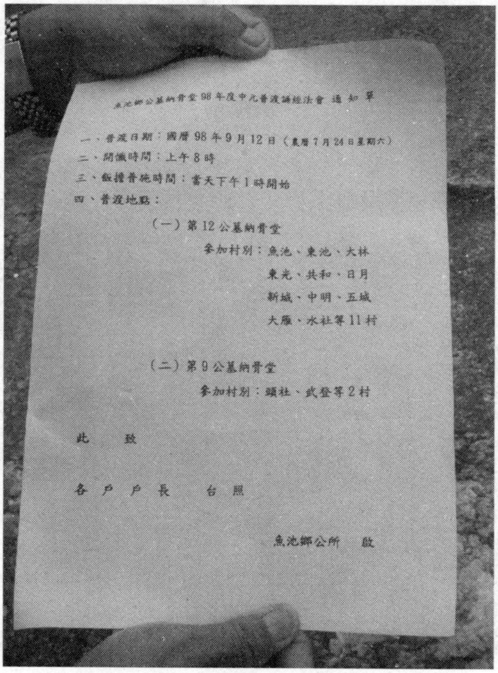

魚池鄉公墓納骨堂98年度中元普渡誦經法會 通知單

一、普渡日期：國曆98年9月12日（農曆7月24日星期六）
二、開放時間：上午8時
三、飯擔普施時間：當天下午1時開始
四、普渡地點：
（一）第12公墓納骨堂
參加村別：魚池、東池、大林
東光、共和、日月
新城、中明、五城
大雁、水社等11村
（二）第9公墓納骨堂
參加村別：頭社、武登等2村

此 致

各戶戶長 台照

魚池鄉公所 啟

通知单

头上、身上全都肿起拳头大的包，幸好遇见一对过路的夫妇，才将他送到医院。不过，第二天他就出院了，现在仍很健康。要是一般人就会被蜇死了，村里的人都认为是咔火炎的“三昧真火”救了他。

正在村长津津乐道地说着这个传奇时，有人给村长送来了“鱼池乡公墓纳骨堂 1998 年中元普渡诵经法会通知单”。通知单的内容如下：

普渡的日期：1998 年 9 月 12 日（农历七月二十四日星期六）

开经时间：上午 8 时

饭担普施时间：下午 1 时开始

普渡地点：(1) 第 12 公墓纳骨堂，参加村别有鱼池、东池、大林、东光、共和、日月、新城、中明、五城、大雁、水社等 11 村；(2) 第 9 公墓纳骨堂，参加村别有头社、武登等 2 村。

鱼池乡公所启

简老师看了这个通知单后说，现在台湾的宗教都企业化了，不再是传统的宗教，有一点偏离。

由所见所闻，我心里不禁感叹：邵人的传统祖灵信仰能够保存至今真是很不容易！

趁着这个机会我询问村长，村长说：“这些（指所有村里的人）都会拜，拜孤魂野鬼享用。我们也敬鬼神保平安。主要的是用猪、鸡、鱼三牲来拜。日月村大约有 1000 人，每个月都有变动。邵人常住人口是 498 人，其中常住日月村的大约有 200 人，占 1/4。”有的人有身份隐私，不会告诉人。当我问起当地土地状况的时候，村长说，大多数的地是林地，具体的数据也不清楚。

最高的桌子上的神像

甘蔗搭建的城门样式

在撤掉白天祭场的同时又在搭建晚上的祭场。在左边的大棚里摆放了三种高低不同的桌子。最高的桌子是用不锈钢做的高高的方桌。上面供奉了三尊神像。同时，村长与其他几人在这个桌子的后面用两根完整的甘蔗搭建成一个城门形状，捆绑在桌子的脚上。桌脚下用烧纸垫着。神像的后方是用硬纸做成的红底装饰物，写有“诚心”、“祈求”等字样。纸板上是神的画像。由于三尊神像的高低不一致，有的神像下用烧纸垫高。每尊神像的后面都插有两根很粗的香。桌子上还摆放着鲜花、香炉、蜡烛、供品等。桌前用绣有“金玉满堂”的红布遮盖着。

这时候，拜祭的“大猪公”被人们抬走了，抬走时没有举行特殊的仪式。

这张桌子的前边还摆放了三张桌子，呈阶梯状，高度依次降低。在中间的桌子上摆放着鲜花、蜡烛、香、供品等。最矮的桌子上供奉着土地公的神像，还有鲜花、蜡烛、香、供品等。

抬走祭拜的猪

阶梯状的桌子

在搭建晚上场地时简老师告诉我，人们白天拜完孤魂野鬼之后，晚上要拜神灵。现在这些搭建的设备都是为晚上拜神灵而准备的。最后一个仪式就是谢神。最尊贵的是天公，所以他的桌子就特别高。这些拜祭的桌子也不一样，高有三层。最高层的那张桌子的四个桌腿下都垫上了金纸，表示要与世俗世界隔开，代表神圣空间。甘蔗表示祈求会从头甜到尾，一生都是甜的，在许多宗教仪式上都会用甘蔗供奉。这个仪式做完后祭拜才会完成，主要为请神见证，祈求明年诸事顺利。

明德宫门前的坡地也被设为祭场，摆放着香、水果和酒。这个祭场应该是早上就设好了，因为里面留有许多竹签。

门前路边的祭场

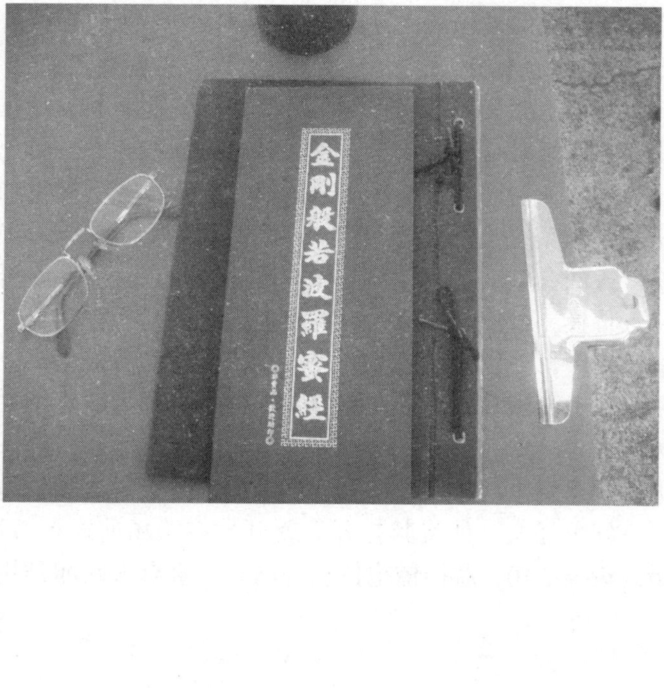

经书

在他们搭建的过程中，我看到有两部经书，即《金刚般如菠萝蜜经》和《佛说阿弥陀经》。其他经书没有看到书名。

5点45分，所有的准备就绪。5点50分，僧人们开始围在桌前做法事。开始时有6位女僧人在矮桌前面诵经，不一会儿又来了两位，她们在场地边穿上僧袍，在垫子上叩拜3下后也加入诵经队伍。僧人们一会儿面朝东、一会儿面朝西不停地诵经。这时，有一人站在垫子后边，手持香炉远远地站着。这个人可以随时被别人替换，村长等人都会去替换他，替换的人都是男性。在诵经的过程中，一位僧人把烧纸递给手持燃着的香的僧人，这位僧人用香在上面画着，而另一位僧人则把这个画过的烧纸在香炉里烧掉。

大约6点半，石和手拿一个红色绸缎包裹走进法场，包裹里面是一本红色经文。他将其打开后就开始在法场前跪拜着诵经。其他僧人撤离法场，脱掉僧袍休息。同时一直有人在叩拜用的垫子上跪拜着，这个人也可以随时被替换。

长时间地跪拜

这种仪式持续到大约晚上 7 点，所有的僧人又开始在桌旁诵经，石和没有参加。我乘机跑去与石和交谈。石和说："你不用调查，这些经文、画像、仪式都是从四川的鬼城学来的。"

这时，只见主事拿出一份黄色的牒文——《谢恩值福》，开始咏唱。上面的"吉向居住"四字十分明显。同时，另一桌上摆上了丰盛的饭菜。最后，僧人诵唱的经文是《十拜恩》："一拜天地、二拜日月、三拜黄王、四拜爹娘、五拜三教、六拜天官、七拜地官、八拜水官、九拜水官、十拜十方。"

唱完经后撤场，撤场时所有能烧的都被烧掉了，包括甘蔗、垫高用的纸等。神像被送进明德宫里，土地庙中的神也被送回离明德宫不远的土地庙。

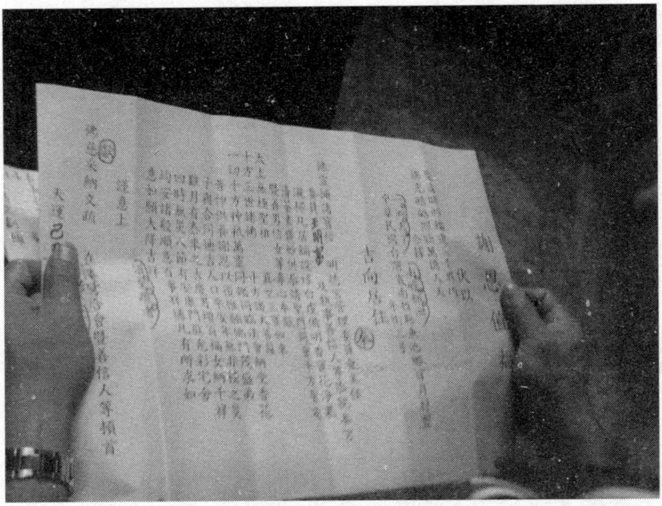

牒文《谢恩值福》

丰盛的晚餐

撤场焚烧

撤场的过程一共只用了大约 20 分钟。7 点 35 分，大家围在餐桌前合影留念。

合影的人主要是僧人，还有一些从祭拜开始就一直帮忙的老人，参加合影的人总计 21 人。

撤场时简老师说，明德宫与文昌帝君有关。每年不管什么样的考试都会有人来祭拜。这个庙与邵人有关系。清末的官员为了阻止基督教来传教，在 lalu 岛上建造了蕃学堂，叫做正心书院。后来办不下去了。日本占领台湾的时候，建造了神社，祭拜文昌帝君的习俗随之流落到这个村子里。在那个年代这里都是汉人的村子，以前是邵人的社。日本人在当地建水电站后就把邵人迁来，日本占领时期这里是邵人聚集地。日本人走后，汉族人又进来，文昌帝君被请到文武庙。后来在这里建庙的时候，邵人又把文昌帝君请回来。明德宫修建的时候，邵人出了许多钱。邵人与明德宫的关系曲折。从庙的历史可知其背景。

宗教与工业社会、新型社区的建立等关系复杂。这些诵经的人都是村子里的人，他们不是专业的，但却是自愿的，不拿钱，没有工资，接近专职。

简老师还说，他们诵经的技巧不够，这种形式持续已有二十多年。台湾的民间信仰是很独特的，信奉者要念的经中许多已融入佛教、道教、民间信仰的内容。而佛教徒也吸收了许多儒教、道教、民间宗教的内容在里面。可见，宗教的力量不是政府的行为。邵人在这样的环境里，逐渐接受了其他民族文化与宗教。

今天在祭拜的全部过程中，我看见只有老人在参与，估计平均年龄都在 50 岁以上。虽然在祭拜中看到有邵人的头目名字，但是没有看见他本人参加。经过一天的调查看到，整个祭拜活动中邵人文化与台湾人的文化是紧密融合在一起的。虽然邵人的文化中对于中元普渡的节日有许多不了解之处，但是当地邵人相信，只要跟着拜拜了就一定会得到平安，所以在调查的过程中，我们的许多问题都没有答案，有些只是简老师从专业研究人员角度给出的解释。

邵人的先生妈是邵人祭祀的承担者，但是面对非邵人文化的祭祀，先生妈表现出较高的兴趣和参与热情，这些现象不仅没有被认为是不合时宜的，反而人们觉得很正常。这种现象的出现，值得人们思考。

第五章　教　会

第一节　教会概况

2009 年 8 月 21 日上午 10 点半，我找到当地的教堂，它坐落在日月村的文化街上。从远处看去，是明显的欧式建筑，屋顶上的“十字架”指引我来到教堂前。

在教堂门外左侧的空地上有一块石刻，上面刻着“日月潭基督长老教会九二一震灾礼拜堂重建纪念碑文”：

主后一九九九年九月廿一日深夜一点四十七分十二点六秒台湾中部发生“世纪之殇”大地震，这场芮氏规模七点三级的“九二一”大地震重创中台湾……伊达邵日月潭教会弱肢遭逢巨变欲振乏力，幸蒙吴主……感念恩情立市爰记以资永念。

日月潭基督长老教会“九二一”震灾礼拜堂重建委员会
委员：陈忠信、袁进龙、石翠萍等
信徒：石至宝、陈显美、陈忠成、陈玉莲等

我所记录下的这些人名都是邵人，可见邵人也信基督教。

紧挨石刻的右侧有一个较大的石头，上面刻有“爱无断层”四个大字，右边的上部写有“日月潭基督长老教会九二一震灾礼拜堂重建纪念碑”，落款为“主后 2005 年九月廿一日世展营造工程挪亚方舟游艇敬立”。

教堂的远景

教堂的正面

教会的大门上挂有一个牌子，上面写着“日月潭基督长老教会聚会时间”，内容为：星期一晚上8：00—9：00，查经班；星期三晚上7：30—8：30，祈祷会；每月第一周家庭礼拜；每月第三周埔里区联祷会；星期六下午14：00—16：00，社区儿童周末营；星期六晚上7：30—8：30，礼拜；早上7：00—7：30，晨间默祷。教堂正面外墙的左上方写有“台湾基督长老教会日月潭教会”字样，右上方写有“甘为霖纪念礼拜堂”字样。

教堂的门开着，本想询问一下该教会的具体情况，但是里面没有人。教堂的整个建筑结构呈现着欧式风格。教堂分为前后两个部分，前部分是讲经的地方，有讲经台、唱诗时伴奏的钢琴，还有一些多媒体设备。后部分摆放着一些长凳子。每一排有两条长凳，共8排。教堂左边的墙上挂有许多照片，都是一些举行教会活动时拍的照片。在教堂的后门边右侧有一个带玻璃门的柜子，里面放着《圣经》与《圣诗》。

第二节 教会活动

2009年9月4日11点20分，我去逐鹿市集与袁公子的大姐闲聊。其时我才知道袁公子已经去拉鲁岛开会了，问其原因，袁家大姐说不知道。在袁公子的家里我看见了一张通知单：

事由：“邵族文化传承即发展实施计划”内A2、A3土地位置范围勘查指界，请议员尽量拨冗参加

时间：1998年9月4日上午10时整

集合地点：德化派出所会合

邵族民族议会

教堂里

我在与袁家大姐的交谈中了解到，袁公子今年 45 岁左右，至今未婚。我感觉很吃惊。袁家大姐说，因为他的身份是袁家头目家的长子，做他的太太，不仅要喜欢邵人及其文化，而且还必须成为袁家的先生妈。这样的要求使得他至今还没有结婚。在目前的先生妈中，袁家没有先生妈。他们的母亲是先生妈，但是去年已经去世。袁家大姐还说，做先生妈、杵音的人必须是女的。山地舞不仅是女的可以跳，男的也可以跳。而其他许多活动则女的都不能参加。

2009 年 9 月 5 日星期六，我到街上闲逛，发现街上的人比工作日时多了许多。据说在周末的时候，来这里观光的游客也比平时多。下午 6 点多在逐鹿市集表演场，我拍摄了杵音的全过程。我遇到了袁公子，在与他闲聊的过程中，知道他演完节目正准备去教会。

下午 7 点 20 分，我来到教堂，在里面我看见有五六个孩子，还有四五个大人。进去的时候，他们给了我一些资料，包括《圣经》和《圣诗》。我坐下后，看见邵人石平也在，便问她为什么信教（基督教）。她说，这与他们的公妈篮信仰不冲突，教会可以给她安心。

不久，我看见先生妈石宝和袁家大姐也相继来了。她们的到来让我有些吃惊。后来问袁家大姐，她说是因为她妈妈的关系，她妈妈是布农人，那边信奉（基督）教的人比较多，所以他们也受到影响，也信教。不过，她的妈妈去世之前是邵人的先生妈。

大约 7 点半，教会的理事开始带着大家诵读《圣经》，读的时候理事还同时做着讲解。整个过程都是用闽南语，好在有邵人石平坐在我身边做翻译，并帮我在书上找相应的段落。

人们在唱诗

7 点 45 分，孩子们被叫到前面围成一圈，由一位理事领着开始唱诗，其中大约有 6 个孩子是小学生。接着由邵人陈秀给大家讲《圣经》。8 点 10 分，有石平、陈秀参与的唱诗开始了，唱诗的都是成年人。唱完后以静默结束。

由于我是第一次参加教会活动，教会的工作人员还让我填写了一张表格。在结束的时候那位理事表示欢迎我的参与，同时请大家一起为我祈福。

在参与这个活动的过程中我问他们参加教会活动的原因，他们都会说是为了平安。

只要住在这里，就会有新发现。

先生妈石宝参加了教会活动，邵人头目也参加了教会活动，这使我再一次联想到先生妈石累的中元普渡。在这里，似乎人们都已经习惯了自己的选择是合理的理念。在邵人的社会历史发展中文化的差异、文化的融合逐渐被忽略，留下的是每个人自己的选择。

第三节　第二次教会活动

9 月 9 日星期三晚上我去教堂，7 点 25 分教堂里还没有一个人，我以为今晚不会举行教会活动了，便往回走路上遇见了陈秀老人，她是“逐鹿市集”杵音表演的演员之一。我与她一同又往教堂走去。

路上陈秀告诉我：“邵人人口不多，女孩子到了出嫁年龄都不喜欢嫁给本族邵人啊；男人娶进来的又多是平地人。都在外面啊。过年（这种习俗）一直都传下来，中间有断过，也就两年，(具体是）什么时候都忘记了。不是断啊，是休息一下。顶多两年，不能再超过，因为我们那个（过年所唱的）歌，传统的歌只有过年的时候才能唱，因为休息多年的话怕会忘记，过年的时候在组合屋上面唱，每天的晚上都在上面唱。我们的祖先（过年的时间）那会儿就是一个月这样子。现在不要一个月，差不多20天这样子。现在的人忙啊，大家都忙着赚钱，以前不是啊，以前就是做农啊，做农的时候就不是说要赚钱啊，现在很多（地方）都要钱啊。等到那个稻子，我们那时候是种干稻，在山上，丰收的时候才开始啊。”

到教堂后我看到除主理、司琴外，还有5个人。他们用我听不懂的语言唱了两首歌曲，读了一会儿《圣经》。8点半结束。

最近几天的调查中由于没有集体活动，我只能是抽空与别人聊聊天，少有收获。

调查中，可以说当地绝大部分的年轻人都不在家。比如我今天遇见的3个小朋友的父母就都不在身边，他们都是与老人一起生活的。整个村在德化国小的小学生有：一年级7个，二年级6个，三年级9个，四年级6个，五年级8个。整个学校的老师只有10名左右，一个班一名老师。

我问过几位老人有关邵人祭拜活动的原因、意义和作用等，她们都说不知道，反正祖先就是这样传下来的。大多数人说其中编制的图案叫做“图腾”，这是“我们邵人的图腾”。

本次调查中，因为有些问题找不到直接的答案，所以调查结束后我还要查阅许多资料。其中传统的祭祀、涵化的祭祀、现代的教会，都有邵人参与，也都有具体个案。

第六章　过　年[①]

第一节　过年前的活动

在日月潭边的有一个广告牌上写着“邵人的祭仪与信仰”：邵人的宗教信仰核心是“祖灵信仰”，日常生活、生命礼俗及岁时祭仪皆以祖灵信仰为依归。他们将日月潭的拉鲁岛视为最高祖灵圣地，而每户邵人家里都供奉祖灵（公妈篮），内供祖先留下来的衣饰，代表祖灵的存在。当举行各种重要仪式时，祖灵篮是主要的祝祷对象。邵人的岁时祭仪有农耕祭、狩猎祭与祖灵祭，虽然现在已不从事耕作与狩猎，但邵人仍保留了开垦祭、播种祭、移植祭、除草祭、整天祭、狩猎祭、氏族祖灵祭及新年祖灵祭等祭仪。其中以农历三月的播种祭、七月的狩猎祭与八月的新年祖灵祭较具规模，所有生命礼俗与岁时祭仪主要由女祭师主持，新年祖灵祭则由各氏族族长和女祭师共同主持。

2009 年 9 月 17 日（农历七月二十九日）早上，我从台北出发来到日月潭。

在去伊达邵的车上，我碰到三名聋哑人，一名西方人，两名东方人。也许有一人估计到我是大陆人，就用笔和纸与我交流。

---

① 过年，在邵人的传统文化中应该是“祖灵祭”或者是“丰年祭”。由于邵人的这个祭祀活动很盛大，如同台湾人过年时举行的活动那样热闹，是全民参与，所以邵人认为这就是邵人的过年，故把八月的活动称为“过年”。

原来他们是从上海来参加残疾人运动会的。比赛结束后来日月潭观光，他们以为我也是来观光的游客。由于有着共同的文字，虽然交流的速度比较慢，但并不影响彼此的理解程度。

这里是一个对外开放许久的地方，也是一个文化多元的地方。

下午大约4点我来到了高莲老人家，看见门口放着桌子，摆着供品，我一看就知道是在“拜拜”。我躺在床上，心里很是着急，今天是农历七月二十九，是关“鬼门”的一天，所以很多人家都会在门口拜拜。但是我由于坐车很累，头很疼，所以又很想休息。不过，我给自己按摩一下后，还是坚持走出去看看。

我来到街上看见许多人家都在进行着与初一一样的祭拜活动。

我走到一个相熟的邵人家，询问明天是否有杵音。她告诉我说：“有啊，就在街上的袁头目家。”于是我就去街上的袁头目家询问，并查看了杵音的石头。袁太太告诉我说，今年的杵音不在她家了，在袁公子家。

我问她：“为什么要做炉主?”袁太太说：“因为他（袁智）有许愿啊。他的身体不好，在过年的时候就许愿啊。”

后来我又来到袁公子家，刚好他的小妹站在门口，于是我俩就闲聊起来。她说袁公子出去搞联络了。一开始我并不知道他联络什么。后来仔细交谈才知道，袁公子今天被族人告知明天晚上的杵音在他家举行，所以明天早上要专门去有公妈篮的家里，告诉他们杵音的时间与地点。这个过程分两部分进行：第一部分是与有公妈篮家的人商量杵音的时间与地点；第二部分是告知祖先进行杵音的时间与地点。今天袁公子告知的是族人，明天早上专门告知“公妈篮”。

袁智家的杵音石一

袁智家的杵音石二

吃饭后我和袁平来到组合屋的阿雅家。阿雅是广场艺人的主要负责人。她们开始喝酒，我在旁边陪着她们。不久毛美先生妈来了，手里拿着小录音机，说要录音，明天用。对面的陈美先生妈家有人在打麻将。

毛美弄好录音后就与阿雅聊起来，她的普通话说得不好，好在阿雅的普通话说得不错，从她俩的交谈中我也能猜到大致内容：一是，对明天的过大年表示不满，因为按照以往的习俗如果前一年有族人过世，那么至少 3 年内不能过大年。二是，现在的先生妈只有 5 个。先生妈本来是很辛苦的，没有薪水。所以，在过年的仪式过程中，族人会给先生妈包红包和送礼物，如送给一些洗衣粉、洗洁精之类的物品。但有的先生妈在做事的时候不是抱着为大家服务的精神，为的是得到红包和礼物。三是，在过年的时候，先生妈会挨家挨户去给公妈篮祈福吟唱，但是有的族人本人不在家，只管自己赚钱，所有的事情都要先生妈自己去做，而这样的祈福至少需要 1 个小时，很辛苦。这一切都让毛美心灰意冷，感觉不到做先生妈的意义。她有了退出先生妈的念头，虽然她是最年轻的，也是资历最浅的，没有人教，全靠她自己用耳朵去听，去学。今晚拿录音机录音也是为了明天的过年用。

毛美丽说，懂邵人规矩的人不站出来，不懂的人只按照自己的想法去做，辛苦的是先生妈。去年一年中，族人中去世的有四五人，其中有族里的先生妈，也有先生妈的先生，在这种情况下不应该过大年。

第二节　杵音活动

2009 年 9 月 17 日，我在日月潭的街上看见有人正在做槟榔，就进行了拍摄。从埔里过来的时候，我在路上就曾看到山上的槟榔树几乎成为唯一树种，房屋掩映在槟榔树林里。据说，台湾中部的槟榔是全台湾最好吃的，价格也不错。槟榔树的种植比较简单，于是有了槟榔树成林的现状。

简老师说，其实槟榔吃多了，对人体的伤害比较大，容易得口腔癌，对牙齿的磨损也大，有些人甚至在年轻的时候牙齿就开始松动、掉落了。

2009 年 9 月 17 日晚上高莲老人的小儿媳阿芬来到我的屋里与我聊天。她一再叮嘱我不要与别人多说话，因为她说这里的人都喜欢乱说。阿芬说，这里的原住民都喜欢喝酒，只要不工作就会喝。她的先生也会在没有工作的时候一直喝酒。这里的很多人（包括年轻人）都会整天地喝酒。她还说估计今年过年会有所改变，因为老人们都认为天天喝酒不好，而年轻人喝酒更不好。其实有些年轻人就是因为喝酒出了一些事。虽然她没有说明是什么事，不过从她的语气里听出不是好事。她说，这里比阿里山热闹。这里做生意基本是在周末，但赚的钱很少能存下来，很难做。她感觉这里做生意不如其他地方好做。

9 月 18 日下午，去日月潭边的广场看阿雅等人的表演。这种广场艺人十分辛苦，如果每个游客都是只看不买、不给“打赏”的话，那么他们就没有收入。今天他们的收入很不错。不仅有人“打赏”，买碟的人也多。玛雅说，这些客人大多来自内地。

大约 6 点，我来到今晚要做杵音的袁家头目袁田家。只有袁田一个人在。我已经习惯了他们这种行事风格，不管什么事情，都只有少数人会参加，而且也仅仅是一些老人来参加。

袁家的公妈篮摆放在客厅的组合柜上。如果不了解这种文化，很难从一堆装饰物中找到这个具有邵人特色的“祖灵篮”。不被祭拜的时候，公妈篮的位置不明显。

2009 年 8 月的一天，袁家的大姐曾经要我帮忙买一些湖北的土布寄给她，因为她家的公妈篮中东西较少。这个公妈篮是 2008 年过年的时候从袁智家的公妈篮里分出来后新建的，而分到的物品只是袁家祖先的一点旧物——看起来历时久远的旧布。袁家大姐想在祖灵篮里多放一些物品，便想在大陆买一点类似于他们原住民的土布。我要求先看看公妈篮的东西，但是没有看到。她说，她弟弟袁公子不在，她没有办法拿下来给我看。即便袁公子在家，也不能随便动，因为这个篮子其实是属于先生妈的，只有先生妈才能动。

我问："里面的东西有什么讲究？"袁家大姐说："里面的饰物只在过年的时候可以被佩戴，也只有在过年的时候可以给篮子里添加物品，平时是不可以的。"

可见，在这个族群中，真正的祭拜是由先生妈做的，任何与祖灵有关的事项都需要有先生妈的参与才能完成。这与前面所说的"公妈牌"有着本质的差异。没有先生妈的存在，公妈篮就失去了存在的意义。邵人曾经一度只有一个先生妈，如果没有继承者，那么邵人的文化象征——公妈篮也就会随之消失。

平时摆放的袁家公妈篮

木杵

袁家在客厅的地上摆放着一些长短不一、粗细不同的木杵以及一些竹筒。木杵是用原木经过族里的长老手工削制而成，其形状像哑铃，两头粗、中间细，最短的木杵也有 1.5 米左右，最长的木杵大约有两米。据袁公子说，这些木杵都是由他的父亲袁田削制的，今年由于他父亲的身体没有原来好了，所以才没有对木杵进行修理。每根木杵上都有标号，最粗最重的那根木杵是 1 号。这根木杵是杵音中的“指挥者”。

地上的竹筒是一端闭合、另一端开口的竹节。竹筒有粗有细，粗的竹筒直径约有 20 多公分，细的直径约有 10 公分。在杵音的时候，用竹筒在旁边敲击地面，敲出舒缓、急促等不同的节奏，应和着木杵的敲击声。

竹筒

已经7点了，除了采访者与调研的人，族人都没有来。

7点10分，袁家大姐去石松家请石太太。石太太来后，一名袁家的人递给她一碗酒，石太太端着酒碗在门口开始奠酒，同时嘴里还念念有词。简老师说，石太太在祈祷，既是为祭奠祖先也是为今晚的活动祈祷。

奠酒后，袁家四兄妹开始在客厅的地上杵音，没有专门杵音的杵石。这样的杵音不仅不是女性的活动，而且从中也感觉不到神圣的气氛，只有一种随意与娱乐的感觉。

杵音本身需要特定的杵音石头，就如我前一天在街上袁头目家所看见的那种又黑又亮的杵石，即使是逐鹿市集上的表演也用杵石，而像这样不用杵石的杵音很少见。对简老师、满天弥生这些长期在邵人地方做调研的学者与专家来说，也是第一次。

袁家四兄妹杵音

袁家四兄妹都不会杵音，石太太一会儿教这位，一会儿教那位。也许是因为人少，不一会儿，袁家二儿子便把他的未婚妻也叫上场学习杵音。

在袁家兄妹杵音的过程中，屋中陆续走进一些族人。他们进来后便拿起竹筒开始合音。这时摄影的人比杵音的人多。屋里的族人大都不会杵音，只能在旁边看着，场上依旧只有袁家兄妹。

大约 7 点半，袁家大姐开始打电话给族人，邀请大家来学习杵音。

由于大的木杵比较长，有可能碰到客厅上面的吊灯，于是杵音地点转移到门口的走廊上。

也许是袁家大姐的电话起了作用，大约 8 点的时候，参加逐鹿市集演出的人也陆续来到袁家。此外，还有些小学生，这些小学生中有几个我曾在教堂里唱诗班上见过。教会的理事也来了。

按台湾的乡土教育要求，本族的学生应学习本族的文化。而邵人学生要求学习邵人文化，其中杵音是必须学的。

当这些小学生进来后，那个教会理事组织学生给成人做示范性的表演。孩子们拿起木杵，开始在水泥地上杵音。这群孩子将杵音表演成一种美的韵律，在孩子们的手里每个木杵成为一个有序的音阶。孩子们的表演获得了大家的掌声。

这个短暂的表演，表现出杵音的美妙，也体现出杵音中蕴涵的独特文化。正如一位在场的长老所说，过去杵音一般都会持续到半夜，那时候参加杵音的老者很多，在夜深人静的时候，这个杵音的声音会传出很远，而且会给人非常美妙的感觉。老人最后感叹道：现在不行了！

八根木杵

杵音无禁忌

随着逐鹿市集的表演结束，演员们也来了，这些演员不会杵音。有的演员在袁家大姐的要求下上场学习。

大约在 9 点的时候，进来的人多起来了。表演中最多时有 8 根木杵同时在杵音。据在场的老人说，曾经有过 16 根木杵同时杵音的表演，那样的杵音才是最精彩的。大约在 10 点的时候，杵音结束了。

纵观整个杵音过程，对许多族人来说都是一个学习过程。其实杵音如同不同声部的合唱一样，只要有一根木杵不配合，杵音的效果就会比较差。这是因为每根木杵的落地时间、用力大小、快慢速度是不一样的。假如没有很好的技巧或者说不了解其中的规律，就不能敲击出美妙的韵律。旁边的竹筒也只有配合木杵的节奏与旋律，才能敲出和谐的韵律。

这种杵音与逐鹿市集上长老的表演有较大差距。如果没有彼此间的配合与默契，就会连起码的音乐韵律都没有，更不要说召唤山里的男性族人回家过年了。

通过今晚的杵音表演，使我看到邵人的特色文化在日常生活中的真实表现，也让我体会到邵人文化在现代社会的变迁：杵音本来是女人的活动，男人是不能参与的，但是现代杵音中没有了性别禁忌，也没有了族内族外的禁忌，不管是孩子还是大人，在今晚的杵音中是男女同上，而且不仅仅是邵人，其他族人也可以来学。可见，邵人文化正在努力地保存着自身的特色，不在乎形式，不在乎传统，只要能够保持住本族群的文化。而今晚的杵音仅仅是一种形式，因为它不再具有传统的或者说真实的意义了。

我不禁要问：这样的传承对于邵人发展与生存真的具有实在意义吗？这与我在逐鹿市集上看见的杵音有了较大的差距。这不仅表现在参与者的不同，而且表现在杵音的韵律，以及杵音的结构与内容上。今晚的杵音没有族人的清唱，表演也不连贯。而在舞台上，邵人女性长老用木杵完整地演绎着杵音的精华。

回到住处，看着这些资料，我感觉到：在只有大约 200 人的邵人群体日月村，在现代社会的背景下，邵人文化的保护与传承是何等的艰难！通过杵音，也让我感觉到传统文化似乎真的成为一种“show”。如果真是这样，这个族群的发展最终将会有怎样的结局？

第三节　祭拜与除秽

2009 年 9 月 19 日农历八月初一，今天是邵人过年的第一天。

昨天简老师说，过年时的祭祀活动在组合屋举行，那里有公用的祭祀场地。一般都从早上 9 点开始。

早上 8 点半，我来到组合屋处。从远处看去似乎来的人很多，走近后才发现，外面的采访者占了多数，不过公妈篮已送来几个。

组合屋远景

在祭拜场地的中央有一块大石头，埋在地下一个规则的长方形石框里，石头基本与地面持平。这是公用场地的杵石。

公用祭拜场地的杵石

组合屋处有许多图画和旧的照片，还有一些写有字母与汉字的木块。木块上的字母是邵语，汉字是邵语的汉语意思。

先生妈、旧照、木块

米饭中有地瓜

陈家门前的公用祭场是公妈篮的祭拜地方，在这里女性可以自由出入。旁边是一个举行“除秽”（擦平安）仪式的场所，在毛家门前，主持人是毛顺。里面所有的人都是男性，女性必须离这个场所远一些，更不能触碰其中的器物。据说，这时举行的是为打猎回来的男人所进行的扫除污秽的仪式。这种禁忌不仅是对男人的爱护，更体现了邵人内心深处的想法，即对大自然的敬畏。他们认为如果不举行仪式的话，打猎回来的男人从山上也许会带回不干净的东西，使得族人不能平安生活。

在公用祭场上，先生妈如同七月的祭拜一样先进行集体祭拜（所有的先生妈在一起）。祭拜前先生妈依旧需要对送来的公妈篮进行清理，重新摆放。祭拜时场地两边用长长的竹竿拦着，公妈篮的前边也用竹竿拦起来，整个场子占据了整个祭拜场地的三分之二。今天送来的公妈篮有 50 个。

过年时的公妈篮

这次的祭拜与前几次有所不同。每个公妈篮的前面都摆放了一份用竹盘盛着的米饭，米饭里面还掺有地瓜（红薯）。

在先生妈做准备的过程中，我看见袁智头目及其太太来了。袁太太手里端着一个全新的蒸锅（锅里盛着米饭），正准备将其摆放到自家的公妈篮前边。这个准备工作告诉大家，今年有人当炉主了。

今天五位先生妈的穿着不一致。石音与石累两位穿着红色的上衣、绿色的裙子、白色的球鞋。毛美、石宝、陈美三位穿着蓝色的上衣、黑色的裙子。陈美连鞋都没有穿，光着脚。五位先生妈的头上都戴着自己做的头饰，头带是街上可以买到的，头上插的花儿、羽毛之类则是自己装扮的。

刚开始做准备的时候，先生妈对我说："等会儿开始拍照时不要进来哦。"

炉主不同

先生妈在集体咏唱

大约9点，先生妈开始祭拜。在集体咏唱时，五位先生妈各自展现了不同的姿态，其中石音、毛美、石累用手支撑着自己的下颚，而石宝、陈美的姿势则很随意。即使在咏唱中，陈美也很随意地在喝水、讲话。

大约在10点，先生妈的咏唱结束了，五位先生妈开始奠酒。咏唱的内容大多是过年祈福、保平安等祝福语，都是一些好话。

10点15分，集体祭拜公妈篮结束，人们在先生妈奠酒结束后撤场。满天弥生告诉我，下一个程序或仪式就是先生妈到所负责的公妈篮的族人家里进行单个的祭拜。

在撤场的过程中，先生妈石音家的公妈篮中，有几件衣物吸引了大家的视线。首先是一件挂包。先生妈石音把挂包挂在胸前展示了一下。这个挂包两头都是紧束着的，用绳子可以挂在胸前。这个包是用棉线制成的，也就是我们经常说的用“土布”织的。

先生妈奠酒

先生妈石音又展示了一件衣服。这件衣服没有衣袖，也没有衣领，是用布块拼成的，胸前用带子做扣子。衣服的布料是比较陈旧的土布。

先生妈石音把一块布料围在身上，这是邵人的传统裙子。裙子上绣有菱形的图案，没有裙腰，下摆处是一块白色布料。裙子的所有用料都是土布。

撤出场的公妈篮，都随意地摆放在陈家门前，人们取走公妈篮的时候依旧没有什么要求。有的人一下子带走三四家的公妈篮，而有的公妈篮放在那里直至中午 11 点多才被人取走。

在集体祭拜后先生妈按照自己所管辖的家庭分别进行独家独户祭拜。先生妈石宝首先对自家的公妈篮进行了祭拜。在这个过程中，先生妈石宝独自做着一切，自己拦场子，自己搬公妈篮，自己撤场。她用竹竿拦起了一个较小的场子，把自家的公妈篮摆放在离家门口不远的地方，还在公妈篮的旁边摆了一个瓦坛，瓦

先生妈家的祭拜

坛上放有一个碗，碗里有酒，主要是供祖灵的。大约在 11 点 20 分，先生妈石宝开始咏唱，到 10 点 40 分结束。随后，先生妈石宝端起瓦坛上的酒碗开始奠酒。

整个祭拜仪式结束后，先生妈石宝先撤走了酒碗与瓦坛，再搬走公妈篮，最后她坐上自己的小车离开了。

满天弥生告诉我，他们将分别到每一户去做祭拜，而且在这一天每一家都必须拜完。先生妈很辛苦，差不多 5 点（下午）才开始吃饭。今天只在三家吃——毛家（做 didisasan）、袁头目家、石头目家。从明天开始，只要有祖灵篮的家都要去吃，明、后两天吃完。这样看来，吃、喝也是很辛苦的事。

10 点 40 分，在先生妈石宝的祭拜结束后，我又来到先生妈毛美家。先生妈毛美刚开始做祭拜。

在先生妈毛美家门前，毛美用竹竿拦起一个相对小一些的场子，场子上不仅摆放了她自家的公妈篮，还有一个茶杯，茶杯上放有一只碗，碗里有酒。在她准备咏唱的时候，先生妈毛美用手打开了旁边篮子里的录音机，随着录音机播放的歌曲，先生妈毛美跟着唱。看到这个情景，我明白了那天晚上她说要录音的目的与用途。

由于先生妈毛美是去年才加入的，这样独自的祭拜咏唱还不能完全承担，于是，她就用录音机录下了大家的咏唱，以使自己在独自祭拜时不至于无法完成。

面对此景，我不禁思索：祭拜祖灵、祭拜公妈篮这样的仪式，如果可以用现代科技代替的话，那么，以后在没有先生妈的时候，邵人的拜公妈活动是否也不会停止与消失呢？

先生妈毛美进行了与先生妈石宝做祭拜时一样的程序后，自己搬走了公妈篮，并撤掉了拦场的竹竿。所有的先生妈都会从自家开始祭拜。

先生妈石累说，在像这样单独祭拜公妈篮时，即使去祭拜的家里没有人，先生妈也必须进行祭拜。

从先生妈的所作所为中，我了解到先生妈的艰苦与辛酸。做先生妈的人年纪都较大，在举行祭拜的时候却都要靠自己，难怪先生妈在一段仪式结束后会长长叹一口气。也许是仪式结束后的舒畅，也许是对自己所处地位的无奈和感慨，也许什么都不是，只有她本人知道个中的滋味。

今天来拍照的人很多，许多人都持一种猎奇的心态。因为没有人问为什么会这样，有些人连场域的禁忌也不知道，有些人随意破坏一些设施、进出祭拜的场地。还有些人对先生妈的举动感兴趣，把先生妈当做模特不停地拍照，甚至要求先生妈对着镜头笑一个，直到先生妈最后不耐烦地说“好了、好了”才罢休。看到这些，我感慨良多。

邵人的这些仪式其实在许多地方已经不具备传统中的意义了，而只是一种展演，仅仅做给人看，所以有人猎奇也就不足为怪了。

在除秽的场所，凡是今天来“除秽”的男人，其穿着都很有特色。有些男人的头上绑有头带，有的戴着颇具特色的帽子，大多数的男人在T恤的外面套上一件他们自认为具有“山地”特色的山地衫。这种山地衫有长、有短。

袁公子的头上系着头带，身穿长长的白色山地衫，罩在T恤短裤的外面。主持除秽仪式的毛顺戴着有头带的帽子，穿着一件短的白色山地衫，罩在长袖的毛衫外面。高辉头上系着一根红底的头带，穿着一件印有“邵族祖灵”字样及“追逐白鹿”图案的T恤，外面罩着一件短的白色山地衫。这些装扮在日常生活中较难见到。

“除秽”场地，主要是由几张长桌子围起的场子。长桌子用一块红底的布罩住，这种布料在当地一般是用来做山地衫的。

刷子与酒坛

长桌子的南端放着一个用竹篾做成的类似于桶的器物，有盖。桌子的中间放着“除秽”用的“刷子”，这个刷子用粽叶扎成，上面放有酒糟。在刷子与竹桶之间，放有一个酒坛，里面装着酒糟。每一次“除秽”的时候，毛顺都会从坛子里舀出一点酒糟放在刷子上。

年代久远的鱼篓

在刷子的北边摆着一个小鱼篓，这个鱼篓相对于竹桶来说做工粗糙了许多。在鱼篓的北边摆放了一个年代看起来很久远的大鱼篓。这个大鱼篓表面比较精致，左右两边有耳子。在其中一个耳子上，挂着一对动物的爪子。鱼篓的盖子上还摆着一串用动物骨头制作的项链。据说是用山猪的牙齿制成的。

“除秽”不仅是对物品进行除秽，而且也是对人进行除秽。有些长老不仅自己来参加，还带来家里的男性——儿子、孙子等来除秽。如石松长老，他首先来到现场让毛顺给自己除秽。毛顺在棕刷上放一点儿酒糟，拉起石松长老的一只手臂，把棕刷从下往上刷一遍，嘴里说着“bieganinggei”（“平安”的意思）。这就表示已经实施了对人的除秽。长老家的儿子、孙子也都被毛顺实施了除秽。

族人还把自家的东西拿出来给毛顺用棕刷“除秽”，这个过程依旧是：毛顺在棕刷上放一点儿酒糟，然后用这个带有酒糟的刷子在物品上象征性地刷一遍，同时嘴里说着“bieganinggei”。这就是对物品的除秽。

山地刀

族人用来除秽的山地刀很有特色。刀鞘是木制的，形状像一条鱼；它不是封闭的，是一边用铁丝钉着的、开放式的刀鞘。刀放在刀鞘里可以完全看得到。

放在北边的木雕像

放在南边的木雕像

北边木雕像的背面

在桌子的前面放有两个木雕像。北边的木雕像：长发披肩，戴有项链，仅穿着围裙，身上挂着一个看似竹制的包；左手持有木棍，身后用一根绳子放于头部，背着木桶；身后跟着一只狗。南边的木雕像：系有发带（不是长发），戴有项链，没有穿衣，只有一块遮羞布；身上也挂有与北边雕像一样的包；身后背着木制的背篓似的器具；左手拿着盾牌似的物品，右手拿着梭镖；身后也跟着一只狗。在北边木雕像的后边还有一个竹制的筐。

在桌子的前边有一杆猎枪。这杆猎枪据说已有很长时间没使用了。

有的族人还把自家在狩猎时期的战利品拿来除秽，如鹿头、动物的牙齿等。

高辉告诉我，明天的仪式与今天的不一样，明天上午将去试猎，男人带着孩子去山上，这也是女性不能参加的活动。

除秽仪式中，族里的长老们似乎在讨论着什么。原来用来除秽的场所，也是族里人特别是长老对过年等事宜进行讨论的地方。满天弥生说，从去年开始就成立过年委员会了。今天人们就在商量关于成立过年委员会的事，基本上是每个姓氏有一人参加，专门讨论过年的具体事宜，主要是商量过年的活动、日程安排等。

满天弥生说，今天人还算多，因为是礼拜六。今年过年也算是热闹的。除秽不是只做一次，聊一会儿就要“擦平安”一次。现在许多仪式都简化了。

大约在上午 11 点，除秽仪式结束了。族人各自拿走了自家的物品。

今天上午集体活动结束后，先生妈还要分别进行单个家庭的祭拜。下午 5 点后，族人先去主持除秽的人家吃饭，然后去两个头目家——袁家与石家吃。今天只吃三家。后天才会把所有有公妈篮的人家吃完，主要就是喝酒。

台湾文化建设非物质文化申报筹备处也来人参加今天的活动，简老师是筹备处的一员。这个筹备处准备把邵人的这种仪式申报为“非物质文化遗产”。在简老师的手里，拿着“行政院文化建设委员会文化资产总管理处筹备处开会通知单”：

受文者：简史朗委员

发文日期：2009 年 9 月 16 日

发文字号：文资筹三字第 0982114868 号

附件：会议日程表；

开会事由：南投县登录民俗“邵族年祭”制定为重要民俗之访查会议

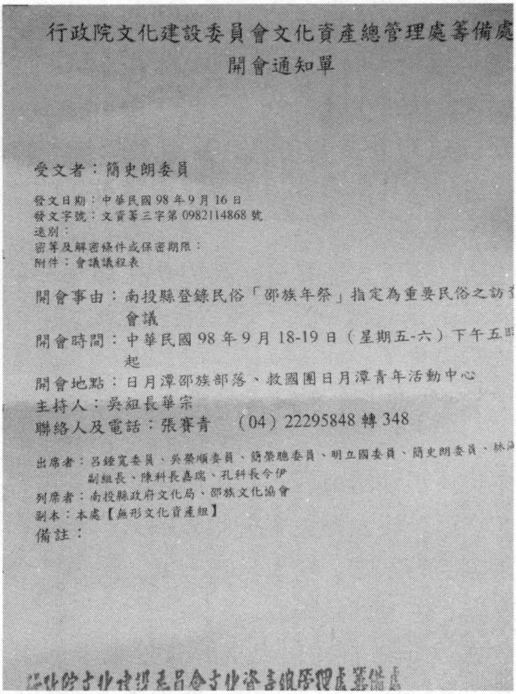

行政院文化建設委員會文化資產總管理處籌備處
開會通知單

受文者：簡史朗委員

發文日期：中華民國 98 年 9 月 16 日
發文字號：文資籌三字第 0982114868 號
速別：
密等及解密條件或保密期限：
附件：會議議程表

開會事由：南投縣登錄民俗「邵族年祭」指定為重要民俗之訪
會議
開會時間：中華民國 98 年 9 月 18-19 日（星期五-六）下午五
起
開會地點：日月潭邵族部落、救國團日月潭青年活動中心
主持人：吳組長華宗
聯絡人及電話：張賽青　（04）22295848 轉 348

出席者：呂鍾寬委員、吳榮順委員、簡榮聰委員、明立國委員、簡史朗委員、林
副組長、陳科長嘉瑞、孔科長令伊
列席者：南投縣政府文化局、邵族文化協會
副本：本處【無形文化資產組】
備註：

筹备处开会通知单

由于这个筹备处的参与，使得今天拍照、摄影等的人比平常多。满天弥生也说，今天来的人比平时多。

中午回到住处休息并给相机充电。下午 3 点多，我来到街上，没有发现什么不同的地方，商店依旧，阿雅依旧在广场上唱歌，只是今天的歌曲中带有较多邵人的风格。艺人们积极地邀请人们参加邵人的过年活动。大约 5 点，我去往袁头目家，看到族人正在开会，满天弥生站在门口。我很好奇她怎么没有进去。原来这样的会议女性同样不能参加。

在袁家开会

简老师、洪老师（红帽）参加了会议。

洪老师名叫洪国胜，是高雄市台湾山地文化研究会的创会会长，曾经在邵人地区做过多次的音乐调查，而且还出版了《邵族换年祭及其音乐》。

这个会议大约在4点半开始，主要是商量明天的活动、过年的活动规则及议程。简老师说，这些都属于协商的问题，不是谁说了就算的，是很随性的，在时间上也很随意。

大约5点半的时候，大家来到毛顺家。地点不是在组合屋，而是在伊达邵商店街的一个餐馆里，这个餐馆的名字叫“邵族毛家”的“邵族风味美食”。

毛家准备了2桌，其中餐馆里有1桌，餐馆的门口有1桌。在准备吃饭前，先生妈带着族人端着酒碗来到门口奠酒。奠酒的人主要有先生妈、长老、主人家。其他族人则在奠酒前就开始吃饭了。大多数的人都不坐桌子，只是拿着碗、筷站在桌边吃。

吃了大约10分钟，只见四人相互搭着肩，共同端着一碗酒边走边唱，其余会唱的人也跟着一起唱。四人绕着里外的两张桌子走了几圈后，在先生妈毛美处停了下来，这时，整个餐馆里响起了一阵欢呼声。有的族人用手掌击打桌子，有的用餐馆的锅盖击打墙壁，有的用筷子击打碗、盘……总之，似乎找到先生妈的这个结果是非常欢快的事。同时，毛顺恭敬地把酒敬奉给先生妈毛美，先生妈鞠躬后接过饮尽。接着又有族人加入了这四人的队伍，手牵手地绕着桌子又唱又跳。整个气氛欢乐无比！

毛家寻找先生妈活动

这时，女主人拿出红包与礼物分发给里面桌上的每一个人。据说红包里装的是钞票，基本上都是100元台币。家庭条件不同，钱数也就不同。对来吃饭的长老和头目，每户主人都会送红包与礼物。

我问简老师大家唱的是什么，简老师介绍说，这时大家唱的都是表达美好的祝愿歌，如祈求平安、祈求来年的丰收等。

我问满天弥生大家唱的是什么歌，表达了什么意思。满天弥生告诉我，过年有过年的歌，大概有十几首。前面部分是要找自己家的先生妈，找啊找，找到了就向她敬酒。喝酒之后开始唱第一首歌。对那些歌曲他们也不知道其中具体的含义是什么，但大部分都是表达祝福的歌。这些歌曲只有过年的时候才能唱，平时是不唱的。

在去袁家的路上满天弥生说，周六的时候人会多，平时当地人都要做生意。连续3天都是一样的形式。这样要做50家。今天只有3家，到后天就要喝完47家。早上做仪式——拜拜。明天不是拜公妈篮，而是做另外的仪式，在上面（组合屋）做完后才是这样（吃饭、喝酒）。这几年因为祖灵篮多了，3天都喝不完，有时到第四天才能喝完，现在是3天至4天。每家每户都去吃，最后一天要吃完，（由于户数很多）因此是通宵，时间很赶。不是只有邵人，其他人也可以吃，吃的户数比以往更多了。

大约下午6点，我们来到头目袁田家。他家屋里屋外各摆一桌。里面的桌子边坐着先生妈、长老等人，外面的桌子边坐的大多是来吃饭的族人。

这里依旧是在先生妈等人奠酒后才开始吃饭。这次端着酒碗寻找先生妈的人也是4个人。他们绕着里、外两张桌子转了几圈后，来到先生妈毛美面前，先生妈鞠躬后接过酒一饮而尽。这时人们皆非常兴奋，敲击的、拍打的、吼叫的都有，整个活动至此掀起了一个高潮。之后，高贵、陈建、石公子手牵着手载歌载舞。此时，袁公子正在准备送给先生妈与长老们的礼物与红包。或许因为袁公子是头目，或许因为袁公子年轻，在袁公子送礼物与红包的时候，双方彼此之间都相互敬酒。同时，族人间也开始彼此敬酒。袁家的活动大约在10点45分结束。

期间，我问简老师明早是什么仪式？简老师说是打猎的仪式，女性不能参加。他们（邵人）认为女性参加打猎会犯禁忌。

打猎是男人做的事。以前放置枪、弓和武器的地方，女人绝对不能碰（接触）。如果女人碰的话，打猎就会出问题。明天因出门早所以很快就会回来，回来后还要到早上那里（除秽的地方）做仪式（除秽、擦平安），做完后就去高丰家。简老师还告诉我说，他明天会带一个大陆团（是环境联盟的），人数是大约 10 人左右。明天早上来看祭奠，下午带他们去观光。这边的活动都是这样安排的。

听简老师的口气，似乎这些仪式没有任何意义了，只是一种形式而已，因此看与不看都一样。对于简老师来说，这些活动已经没有了新意，也没有了解的必要，因为在他调研的十几年里，他都参与过，他的话语权在这里具有实质性的作用，甚至说他也成为这些仪式与活动的主人，而探究其深层的原因也似乎没有可能。

随后，大家来到头目石公子家。石家也是里、外摆了两桌。在先生妈等人奠酒后，大家开始吃饭。不久，其中 3 个人开始端着酒碗边走边唱，寻找先生妈。最后在先生妈石累处停下。这时人们的表达方式更加激烈，有人开始用木棍敲击铁皮门，又一次掀起热闹的高潮。石家太太也准备了红包与礼物。找到先生妈后，石家太太参与了唱歌的队伍，大家在集体合唱中享受着生活的快乐与幸福。

歌曲时断时续，气氛较之前放松了许多。这次歌曲录音的时间为十几分钟，而前面唱的歌只录了不到 2 分钟。也许是因为歌唱得不连续，高长老还亲自担任起领唱，这时，大家又开始尽力尽心地唱起来。虽然有的人声音忽高忽低、有的人时唱时不唱，男女声有时也不和谐，但是在此气氛下依旧具有较强的感染力和吸引力。

大约晚上 7 点的时候，石家来了人多人。站着的、坐着的、吃的、喝的、闹的、唱的……人声鼎沸，热闹非凡！我看到在场族人皆很放松，彼此相互敬酒，集体唱歌。

人声鼎沸的石家

看到了三家分送礼物与红包的过程，我发现其中必须要送的人是先生妈、长老和头目，还有参加寻找先生妈和唱歌的人，其他人则以与主人家关系的亲疏远近来定。

看到族人在参加每家活动时都要喝酒，我不禁问满天弥生："这样喝不会醉吗?"她说："在每家都不会吃、喝得太多，而且他们会认为是祖先通过他们的身体在喝酒、吃饭。"

简老师告诉我，今天是从毛家开始喝，接下来是头目家，主人家都要过去请。现在的石家头目是长嗣，长嗣就有这个责任。明天从高家开始，也要请过。人们所唱的歌词都是一些好听的话，如表达祝福的话、劝勉的话等。又一年到了，先生妈祝福大家平平安安，保佑人们有吃有喝，生活得更好。下午开会，大家谈到今年一定要做得更好，所以要分工合作，仪式上感觉得出来。外面的记者、媒体若进来拍的话，要规范他们在一定的位置拍，不能在里面穿梭，因为这会影响到整个仪式的进行，所以这次他们要做得更规范，不能像以前那样，包括观光客。对大家在一起跳舞的场面也要有适当的安排，因为这毕竟是一年一次、具有庄严性的一个仪式，所以内部自己要规范起来，不要在外面那里转来转去。关于经费要怎么去处理的问题，要以公家就是公钱的形式来处理。（哪里来的公钱?）这个公钱就是募款。一定会有人来捐的。简老师说，他就会捐，不多，大概是2000元。

或许因为这是今天的最后一家，或许因为石家太太会唱歌，大家在歇了一会儿后又在高贵的带领下开始唱起歌来。这次我听到里面有“beigeilingei”一词。

在人们彼此敬酒的时候，族人会说：“beigeilingei.”

在我欣赏族人唱歌跳舞的时候，我被先生妈石宝叫过去，要我继续喝酒。族人说，先生妈敬的酒一定要喝。在这样的场合和氛围里，不会喝酒的我只好硬着头皮把酒喝下去。其实族人在一个晚上要连续喝3家，喝得都有点多。先生妈的脸看起来红扑扑的，泛着酒精的红晕。先生妈石音大约在晚上7点多就回去休息了。

晚上8点15分，在石家吃饭要结束的时候，里面一桌的气氛有些不对。我便问满天弥生里面怎么了。她告诉我，陈美抱怨在去祭拜每一家的公妈篮时，本来人就很辛苦，又没有人照顾，连水都喝不到一口。另外，先生妈毛美丽的丈夫今年刚去世，在去年的今天他还在参加活动，可是今年人却没有了，所以她很伤心，禁不住落泪。每年的今天，在大家唱歌的时候都会有人落泪，因为有些人的寿命太短，想想就会使人伤感。

听到这里，我也有点伤感。睹物思人是人之常情，怎会不使人伤感!

我又去问简老师是怎么回事？他告诉我，他们也讲族人要和气相处，不能因为小事情而使彼此不高兴。那个先生妈（毛美）因为今年刚死了丈夫，所以她想得多了些，常常暗自抹眼泪。阿炳（邵人）讲了很多要互相体谅的话，族人之间彼此要和气对待，要大家的事情大家一起来共同参与。我们在参加这样的祭奠活动时常常深受感动，邵人利用这样的机会，把彼此之间的一些嫌弃公开提出来，他们会讲一些勉励的话，也会讲一些感伤的话，等等。

大约到晚上 9 点，一整天的祭奠活动才全部结束了。

第七节 德化国小与唱歌

2009 年 9 月 23 日早上 8 点，我找到德化国小并准备参观一下当地的乡土教育。

从水社步行上山，首先看见的是一个操场，操场的东边是教学楼。

德化国小

德化国小邵人文物馆

我沿着台阶走上去，遇见了我认识的一名邵人小朋友，他带我找到了陈主任，陈主任让学生带我参观了他们的邵人文物馆。

文物馆的大门上檐被日月图案所点缀；大门门框上的图案，一边是白鹿一边是猫头鹰。在最左边的墙上画有小鸟和花的图案，中间的空墙上画着邵人的祖先与公妈篮图，右边的空墙上是日月潭的风景画。

整个文物馆分两层。在文物馆的一楼正举办大师米勒的画展："米勒巡回特展——田园之美，与您共享"。有学生特意告诉我，这里有米勒的《拾穗》与《晚祷》。

来到二楼，我看见了"邵族文物馆"的字样。里面布置着体现邵人文化的物品：鱼篓、织布机、四手网、独木舟，以及一些传统的照片。这些旧照仿佛告诉参观的人，邵人曾经的历史是这样的。我问小朋友这些都是什么？孩子们回答说，都是我们祖先的用品。这是鱼篓，这是四手网，这里还有许多过去的照片……

孩子们的回答感染着我，使我有了强烈的愿望：回去一定要告诉民族院校的老师们，民族地区的民族院校至少应该有一个本民族的文物馆！这不仅有利于民族院校拥有自己的特色，更可以使民族院校的学生对本民族的认识不仅仅停留在一个概念上，而使民族文化更有历史的厚重感。

正在参观博物馆的时候，我听见了杵音，循着声音来到“舞蹈广场”，看见两位老师正在指导学生跳舞。这两位老师也是逐鹿市集的老师。询问后了解到，他们主要教的是三、四、五、六年级的学生。两位老师还告诉我，所教的舞蹈都是与邵人文化有关的。每周只有一次课，每次两个课时。虽然时间不长，可是对于学生来说，从 3 年级开始一直上到六年级，也是不短的积累了。这样的教育是以最少的时间获得最大的受益，真是值得借鉴！难怪在农历七月三十的晚上孩子们会杵音。

杵音

渔具

在广场上我看见了杵音的用具，还有捕鱼的工具和狩猎的工具。虽然在学习的过程中，有的学生表现得不太认真，但是当问到他们学的是什么的时候，他们会说："这是我们邵人的音乐与舞蹈。"

下山后，在组合屋的一个招牌上我看见了一张画得很详细的祭祀广场使用图。这幅图从左向右的顺序分别是：播种祭（农历三月初一）；狩猎祭（农历七月初一）、拜鳗祭（农历七月初三）、杵音场（农历七月三十）；播种祭（农历三月初一）、荡秋千仪式（农历三月间）；祖灵祭（农历八月初一至八月十四）；祖灵祭集中祭拜仪式；除秽仪式（农历八月初一）；部落会议（农历八月初一）；祖灵祭（农历八月初一至八月十四）；狩猎祭（农历七月初一）、拜鳗祭（农历七月初三）。

广场祭祀使用图

看过这幅图解，我了解到邵人的所有祭祀活动都有专门的场地，一年之中根据岁时的不同，所进行的祭祀活动也不同，而且主持的姓氏也不同。比如过年的祭拜是由高家、陈家主持，除秽仪式是由毛家主持，狩猎祭、拜鳗祭由袁家主持。不同的姓氏在部落中有着不同的责任。

在回去的路上我遇到了高秀，便问他接下来还有没有仪式活动。他说，晚上就可以学唱歌了，每天晚上都会像昨晚那样唱，只是最后一个晚上要唱通宵。我问他为什么要唱，他说一直就是这样。由此看来邵人中明白仪式真正含义的并不多。

晚上 8 点，我来到广场。除了游客，没有看见族人，只有祖灵屋里有着微弱的星火。

大约 8 点半，陆续来了几个人。阿贵打开广场的大灯，这才有了一点光亮。

炉主夫妻来了，先生妈石宝也来了。石宝边穿祭司的围裙边说："人好少。"我数了数，连我在内才二十几人。石宝走到祖灵屋里盛酒出来，奠酒后就对阿贵说："开始吧。"这时已经8点45分了。

这时，阿贵与石宝开始手牵手地转起来，旁边的人陆续加入，我也被邀参加进去。在旁边看和亲自参与是两种不同的感受。看的时候人是在一种模糊的状态下，而亲自参与后，人不仅在认真地听，而且也在认真地学，同时还在观察着周围的人。这样，歌声似乎在缓慢的移动中，令人回味、沉思与遐想……只要你用心，你就会涌出无限的思想。一首歌唱完后人们转动的方向也转过来。我希望在几天时间里，能够学会这些上半程的歌曲。歌曲的节奏舒缓，人们的脚步沉沉，在反复的过程中，似乎真的与祖先在轻轻地交谈、慢慢地倾诉。这样的仪式参加的人不多，而且我想也没有人会像我一样用心去领会，因为许多族人不会唱，大多数年轻人也不来参加，到最后吃宵夜的时候只有近40人。

每一次都唱同样的歌曲，今晚唱了3次，在中间休息了2次后结束。

今晚也有夜宵。昨晚是菜粥，今晚是面条。

我问："宵夜是怎样安排的？"族人在笑谈中告诉我，去年做宵夜是给钱的，一餐大约有几千元台币，所以，去年族人都抢着做宵夜。最后只好用表格的形式安排一家做一个晚上。今年由于没有说给钱，所以大家就表现得比较淡漠，昨晚是高贵家做的，今晚是炉主家做的。这些宵夜都是在各家做好后，再送到祖灵屋的。

阿贵今天告诉我，半程祭也许是在周六或周日举行。我听到这个消息后很高兴，毕竟这是日月村每年只有一次的机会。遗憾的是，我不能参加最后一晚的仪式了，据说最后一晚是要通宵的，族人与非族人都可参加。

第八节　连续三个晚上的歌唱

2009 年 9 月 24 日晚上 7 点半，我来到广场，遇到阿贵。阿贵说，今晚的活动是在陈家门前的广场上。我吃惊地问其原因，阿贵说，因为唱歌活动是由陈家与高家共同承担的，所以就轮流承办。去年是陈家主办，今年是高家主办。而唱的时候也是轮流的，因为今年由高家承办，所以在高家办两天、在陈家办一天。日月盾牌去年存放在陈家，今年半程祭的时候就会从陈家请进祖灵屋，然后存放在高家，明年陈家承办的时候再从高家请进陈家搭建的祖灵屋，存放在陈家。

在半程祭开始前，我问阿贵日月盾牌是怎么回事。阿贵说，日月盾牌象征着邵人的最高祖灵。那个是祖先传下来的，就像你们供奉的神像一样。你有拜就有神啊。

在阿贵的电脑里，阿贵给我看了一张以前拍摄的日月盾牌照片，那张照片是在“请日月盾牌”的时候拍的，因为是在晚上所以有许多白光，看着很特别。阿贵一再强调，没有用什么特技就有白光，他也觉得有些奇怪，所以他把这些照片保存了下来。

阿贵谈到，以前在村子里面邵人比较多的时候，汉族人会参加邵人的活动，但是汉族人比较多的时候，邵人却常常被汉族人同化了，只是在回忆的时候说（邵人）这种文化还在。过去大家一起齐唱的声音很洪亮，在海边都听得到，但是现在出不来那种声音了。你看，年纪大的人中有的就不会唱，比较短的歌才会唱一点，但比较长的就不会了。下半夜唱的歌是 mifafa 之后的歌，会唱的人更少。

这时，袁公子给我一张纸条：

敬启者　媒体记者及专家学者女士、先生采访须知：

一、请勿进入祭奠舞蹈队伍圈内拍摄。二、请勿进入祖灵屋。三、拍摄祖灵祭奠传统歌舞，请勿于非邵族祖灵祭期间播出，此乃本族禁忌，请务必遵守。感谢您的参与配合。

邵族民族议会/邵族文化发展协会　邵族祖灵祭筹备委员会敬启

阿贵说，有的记者进里面去拍照，就是不尊重邵人习俗。

听见这样的解释，我情不自禁地笑起来。这种做法有时也属于商业行为，是“竞争”的结果。

祖灵屋的火一直在燃烧，就像邵人一直期望自己族人的香火不会熄灭一样。这也是阿贵的妈妈默默地做着的事。每次来看祖灵屋的时候，都会看见阿贵妈妈弯着的背影。

今晚 8 点，炉主来到陈家屋前。村长与几个干事正忙着做“募捐箱”与“捐款榜”，后来捐款榜被贴在祖灵屋前。

因为今年过年的所有开支都是用公款，所以非常需要来自大家的捐赠。此外，还可以做一些补助。

大约 8 点 45 分，阿贵牵着几位中年人开始在陈家的门前唱起歌来。最开始只有 6 个人参加唱歌，后来慢慢增加到 12 人，可到最后一段的时候也只有 32 人。阿贵开玩笑说，不来跳就不好意思吃宵夜啊！

在最后结束的时候，阿贵肯定地告诉我，半程祭就在二十七晚上举行。

2009 年 9 月 25 日上午，我出外闲逛。在回住处的路上，看到在组合屋的大门口有两个人正在挂横幅：2009 年度邵人 lusan 祖灵祭活动会场。主办单位是邵人文化发展协会，协办单位是邵人民族议会。

挂的横幅

今晚炉主夫妇没有到场，晚上人们又回到高家的门前唱歌，高长老、先生妈石宝也到场了。开始时只有 17 人跳舞，最后一场有 20 人左右，今晚人数最多的时候是 30 人左右。大家都觉得人太少。

为什么邵人要唱歌，而且还要唱一个月的歌呢？经过多次询问，没有人能说出原因，只说“祖先就这样的啊”。邵人唱歌活动表面看来是在表演，实质上是在传承邵人文化。这些歌曲在平日是不能展示的，是被禁止的，因为长老们认为平日里哼唱这些歌曲会给族人带来不好的事情。只有在过年的时候，也就是全部的族人聚集在一起的时候，大家才可以集体唱。这不仅要求大家聚在一起过年，更要求大家齐心协力、协调一致，以增强彼此的感情。人们只有在同声齐唱、步调一致的时候，才会拥有巨大的力量和真正的和谐，此时演唱的歌曲也才具有了历史的穿透力，它不仅在唱述邵人的历史，更是在低沉、缓慢的歌曲中寻找历史的足迹，告诉所有邵人不要忘记历史，特别是历史上族人祖先所经受的苦难。正如几位长者所说，本来族人就不多，而能够了解族群文化的人却更少。

由于歌曲曲目较多，假如没有一个月的时间，族人是很难学会并背下来的。更何况，这些歌曲一年只唱一次，平常又不能唱，因此这种仪式虽然从表面上看是给祖先看的，实质上却是祖先留下的珍贵文化，更是祖先智慧的表现。

今晚人们依旧聚在高家门前。参加今晚活动的人数最多时有近40人，其中有许多老人。在唱歌的过程中，大家轮唱、合唱，也取得了与前几个晚上不同的效果。遗憾的是，参加活动的年轻人不多。

今晚我收到了阿杰夫妇送的礼物——一个手机挂链。真的让我很感动！

第九节　半程祭

2009年9月27日（农历八月初九），今天有邵人过年的半程祭。族人称这一天为Mifafa，意思是“做一半”。半程祭在前几年一般是在农历八月十二或八月十三举办，今年定在八月初九。这个日期的确定不是某一人说了算的，而是由头目、长老们及过年期间成立的委员会集体商量定出的。考虑到邵人上班族的时间问题，加上八月中秋节日月潭的观光活动比较多，因此，邵人的过年活动日程也相应作了改变。今年的半程祭在农历八月初九举办，最后的祭祀日期为10月10日，也就是农历八月二十二。这样的安排下，大部分上班族都会有空参加。

上午先生妈要告知祖灵，今天会有祭祀活动。依旧是用上次使用过的酒糟，由先生妈自己准备。满天弥生说，有些邵人不知道今天有祭祀活动，因为今天有台风，天还在下雨。最后先生妈的活动都是在雨中进行的。

先生妈在准备酒糟

先生妈在雨中祭拜

我一直认为这是神圣的活动，不知道自己该不该帮忙，后来看到这些老人的忙碌与辛苦并了解到可以帮忙后，便帮着摆场、搬东西。先生妈依旧唱着我听不懂的邵语歌。大约持续一个小时就结束了。

在这个过程中，满天弥生与一位老人在谈着宵夜的事。之后满天弥生告诉我："我问她今晚的宵夜是谁做的，她说不晓得。（以前）通常大家会轮流做，一开始委员会会把顺序排好，可今年有的人不想做，愿意做的才做。今年的钱太少，都不想做。做宵夜有补助，现在做一次有 250 元，以前有 1000 元。现在的人都不想做。"

祭祀活动中先是先生妈的集体咏唱，唱的时间大约是 37 分钟；然后她们分别指着每一个公妈篮继续吟唱，这次唱的时间是 20 分钟；最后是由先生妈奠酒。

参与整个活动过程的人除了先生妈，还有一些调查与研究人员。

2009 年 9 月 27 日下午，有两名大学生找阿贵采访，因为我也在旁边跟着，便把与我的研究有关的内容整理出来。

阿贵：过去修祖灵屋，都是大家自愿的，要准备茅草或其他什么东西，也都是由大家合力完成的。但是现在没有了，就是特定少数几个人，即使有经费从公费里面出三千、五千的，也只有几个人去完成。有些人是，这个有钱就做，那个没钱就不做。情况每年都不一样。以前是农业社会，跟现在不一样。以前比较有向心力。最近几年都有公费，会安排一个人去张罗。像先生妈，如果是没钱的，你去叫人家，你会怎么说。我如果叫你们两个去干事，没钱则怎么叫你们去干？每一年看有关部门补助多少再探讨，有可能一年才给 10 万元。再就是看能募到多少钱。里面的毯子两家轮流放。今年结束我们家收起来，明年轮到他家则他家自己准备。各家自己准备。毯子一大一小，基本上只是一个象征，包括茅草盖得好不好，大小也没有规定，主要是我们把祖灵请进来那个过程。族人认定说这个里面有我们的祖先存在，所以多寡没有认定。小米酒没有过滤，因为原始的就是那样子。

我还问了阿贵一些其他问题。

我问：邵人传统的结婚仪式与现在的结婚仪式是怎样的？过去的葬礼是怎样的，现在又是怎样的？

阿贵：其实每一个族群都有它最原始的丧葬和喜庆举办方式。跟现在不一样，现在太简单，火化了再弄个灵骨塔安置就好了。但是有的人办得很隆重，花费掉几百万元。每个地方的情况也不一样。邵人被外来的习俗所改变了。以前据我所知，有类似抢婚的习俗。许多地方有抢婚习俗。例如，我姐姐嫁给其他地方的男孩子，你来娶的时候要看你是不是很强壮，因我这边几个年轻的壮丁要跟你打斗。现在就是象征性地碰一下，以前对方就是你要打败的人，赢了才能把我姐姐娶过去。那是比较早期的迎娶方式。一直演变到后来，如果有钱的话你可以多拿几头猪，把去山上打到的猎物作为聘礼，或者一些农作物如玉米、稻子之类，有一个像这样的背栏（像椅子），女孩子坐着让男孩背回家。其实这个过程很繁琐，大概就是要双方家长同意或见过面，甚至是指腹为婚的那种状况或者说青梅竹马的，都有。但是两个人恋爱或者结合的过程，包括迎娶的方式大概就像我讲的那样。（如果两个人不认识呢?）那就靠父母介绍啊，等于相亲啊。以前彼此不认识就结婚了，这种习俗可能（过去）有一两百年了。清朝以后社会就比较开放了，提倡先恋爱并在双方有情有义时再结合。早期也需要男方家到女方家去下聘，不可能随便就让人把女孩子娶走。这个过程很繁琐，甚至每个家庭都不一样。在邵人中就这样，更不要说其他了。有些人去基督教堂里结婚，现在邵人中也有。通常认为只有基督教徒才会去教堂，不是的，就跟信奉道教、佛教的人一样。要先报告祖先，迎娶的时候跪双方父母亲，娶过来一样拜拜自己信奉的神明、祖先，以示报告一下。（是你们自己报告呢还是先生妈报告?）现在是自己报告，如果有人是多重信仰，那么这个汉人的习俗做完了以后，再做邵人的，先生妈择期再来给祖灵篮报告。像阿贵娶了一个媳妇，但她还没有到我们的祖灵篮里面。要做过炉主 baliga，死后才能成为邵族的鬼神。更早期死了人就挖一个坑埋下，据我了解这有一百年了。大约一百年前是用瓮——大的水缸，底下敲一个小洞，在人死了之后就把人放进水缸里面，再找自家的地埋下，不用第二次捡骨了。第一次的棺木先埋掉，5 年或 10 年之后，把骨头捡起来装进一个比较小的容器里，再放到同一个家族里面的另外一处地方。有的被埋进公墓，有的被送到乱葬岗。以前还没有迁徙来的时候，村子里就有一个大家公认的墓地。一般在人们把丧礼做完以后，先生妈再来做，不是同时做的。我没有看见过，具体的过程不清楚。邵人的拜拜就像撒酒，很简易，没有特别隆重的仪式，全村人都会来帮忙。现在做这些都是套餐式的，喜事、丧事都这样，自己人出钱就好，现在的人变得懒惰了。以前的那个习俗也一直在变。有的人把骨灰浓缩提炼成一个戒指那样戴着。你问的这个年代差得多，30 年、50 年、100 年、200 年，肯定不一样。背媳妇的习俗我没有看见过，老人家会讲的，我爸爸、妈妈的婚礼就不是这样的，他们穿着西装、婚纱（结婚）。我爸爸今年 74 岁了，19 岁结婚，都已经很现代化了。我爸爸也没有看过瓮葬，只是听说过，已经汉化了，几乎没有什么区分。近 50 年就是这样，更早年可能是那样，年代都很久远了。

我问：三月的播种祭和秋千祭是同一天吗?

阿贵：不是，播种祭是三月三号，秋千祭是三月四号，应该算是同一个习俗，邵人一连串的祭拜是有典故的。邵人地区大部分庄稼是春耕秋收，三月刚好是播种的时节，就定在三月三。祭拜时，人们象征性地去挖地（邵人以前种旱稻）。第二天的秋千祭，是用一根柱子装饰成一根稻子，加上稻穗状物往外甩，甩的力越大说明庄稼越丰收。如果这样不容易做的话，就改用四根竹子做的秋千，做好之后让族人去荡秋千。这样的活动，一是具有一种象征意义——丰收，二是为大家提供了一个娱乐的场所，以前没有这么多娱乐的东西。

我问：为什么会有祖灵篮？

阿贵：你问每一个人基本上都答不出来，能讲出来的答案就是，因为邵人有真实感。邵人先人——我爷爷、奶奶或者再上一代人及上上代人，他的一个小饰品、他穿过的衣服都要放进去，会越积越多，人们会把其中比较有象征性的、古老的放进去，其他物品多退少补，总不能说祖灵篮以后用一个大卡车运过来，也太夸张了。它是祖先的象征。（有的是新的，里面的东西并不一定是祖先的啊?）那以后会越来越多啊，其实不是一定要，在祖灵篮中我还看见我阿公的烟斗。零星的物品可能会掉，我妈在整理的时候又筛选过一次，其他物品另外放一包，那时候我还小，对于怎么整理的我不知道也没有问，搞不清。她自己可能也搞不清楚。最主要的不是我刚刚讲的。汉族人的神祖牌位刻在上面，邵人就没有。如果有的话，把先人的东西放进去，最主要的是女祭司有没有把你的名字念进去。里面的东西是“硬体”的，祭拜是“软体”的，这比较重要。有时位置倒了可以抓一抓，如果发霉了就换个新的。

我问：为什么祭拜?

阿贵：这是一直延续下来的。

我问：族人相信先生妈会与祖灵通话吗?

阿贵：信者恒信，不信就不信。对祖灵篮不要觉得麻烦。这个很抽象。邵人媳妇大部分是汉族人啊，上一辈人都是娶其他族群的，我妈妈就是汉族。邵人娶过来的汉族人媳妇是形式上的。“哦，今天要拜!”便很盲目地跟着去，她们不晓得这个意义，或者说意义对她们来讲不再重要，变成一个形式上的东西而已。我们这儿是祖先传下来的，祖灵在这里，高家的祖灵在这里，以后我爸爸、妈妈在这边，我认同，我的小孩也会说我爸爸在这边，就看每个人的出发点。每个人会不一样，甚至什么时候拜完也不清楚。女祭司拜完后不可能帮你搬回家，就堆在那里，弄撒了都不知道是谁家的。在她们心里这就是一个形式而已，不存在意义。

阿贵：这里面牵扯到土地问题。这片土地能否永久使用？然后才是整个规划过程。这边居住的邵人适合一起生活，白天去做生意讨生活，晚上可以做汉语、邵语教学，或者进到里面穿传统服装。这样子文化带动产业，你才有更多经费，靠别人的话是不够的，关键是自己有没有认知，要自助才能助人。一头牛如果不渴，你硬把它拉到水边，它也不喝水，但是若它口渴，你不拉它，它也会喝，意思一样啊。就是说，你肯学也不要是这样带强迫性的，你自己想把这个传统文化保留得淋漓尽致，不至于20年后消失或者不见，要看每个族人的忧患意识。如果再下一代邵人娶的是外国人，满天弥生那种的，“怎么拜拜”就更搞不清楚、更难沟通了。假设我的老婆是一个美国人，她拿着祖灵篮出来，大家肯定吓一跳，那个场面太奇怪了。只可能会这样。

先生妈的祭词与原来的不完全一样了，在唱的过程中教的也不一致，就像晚上歌中的“啦”和“啊”两个音，要用哪一个音，有的人就很茫然。如果远听还好，近听则很乱。今晚会唱24首。

晚上的唱歌活动在陈家的门前举行。今晚炉主来了。

晚上大约8点45分，人们开始牵手唱歌。开始只有12人，不久人就多起来，最多的时候有 40 人，我今晚也参加其中。今晚的歌有所不同。大约唱了半个小时后，阿贵就牵着大家走向陈家门口。在走的过程中，后一人的一只手搭在前人的肩上，彼此不能断开。大家同时和着阿贵的歌，在门外等着。阿贵走进陈家，陈诚把日月盾牌从神龛上取下来交给阿桂，阿贵挂在肩上后走出来，用歌声指挥着大家继续牵着手走向高家的祭祀广场。最后，大家来到祖灵屋门前，每一个人都在门前跳一下，嘴里说着“biegeilinggen” 走进祖灵屋。

阿贵率先进去把日月盾牌挂在祖灵屋的后壁上，大家进去绕着火盆走了一圈后才出来。出来时大家依旧牵着手，在广场上接着唱歌。这一次唱的歌不同于以往，曲目多，节奏也相对欢快些。另外，人们在唱的时候，还加上了一些动作，如俯身、仰头等。

日月盾牌被请进祖灵屋

在人们唱着、跳着的时候，圈内有人端着酒杯在敬酒，被敬的人接过酒杯后，必须用手指在酒杯中点一点儿酒洒向空中，以示先敬祖灵，然后自己才能喝下。

当族人敬酒轮到我时，我旁边的大姐先帮我用手指在酒杯中点酒后洒向空中，然后对我说“可以直接喝了”。看着族人的动作，我心里很感激。

今晚来了许多年轻人，唱歌的人多起来，大多数人都是穿着盛装来到广场的。人们表现得非常热情，也非常兴奋。今晚的演出热闹而精彩，虽然人多、声音响，但人们步伐一致，显示着这个族群的力量与生气。人们同步向左、同步向右，一致俯身，一致抬头；动作一致打开，一致合拢。非常的精彩，也非常的绝妙！这不是表演场里的演出，也不是舞台上的展演，而是一种实实在在的族人的真实体现。看到这里，我似乎了解了为什么这个民族能够经过若干的曲折依旧有着不灭的文化，为什么这个人数

盛装的人们

很少的族群在历史的长河里能够保存自己的文化，以及为什么在全球化的今天这个民族的文化没有消失。今晚所有的演出没有人教，所有的参加者都是自愿的。正因如此，每年的仪式、每年的程序、每年的演唱都是在人们的自愿与资源下进行的。这样的场景文化不会消失，也不会中断，相反会被继续传承下去并保护下来。

欢快表演的人们

直至唱歌结束，大家都久久没有离去。人们相互合影，相互交流，并谈论着最后一晚的盛况。从今晚开始，在一年中接下来的日子里大家唱歌没有了禁忌，所有的歌曲都可以被教唱。除去演唱的曲目变化外，其他形式都一样。

至此，今晚的气氛趋向高潮。人们要把全部的祭歌唱完，常常有人唱到泪流满面。每一次结束前的快节奏都带来狂欢的气氛。

第十节 最后的祭祀[①]

农历八月初十到八月二十一[②]，由于受台风的影响，人们不能手牵手地在祖灵屋前唱歌、跳舞，就坐在祖灵屋前可以躲雨的地方唱歌。

今年过年中最后的祭祀在2009年10月10日（农历八月二十二），正好是周末，为的就是能够让更多的族人都有时间参与。最后的祭仪上依旧要祭拜公妈篮。首先是由先生妈在祖灵屋前公用祭场上组织集体祭拜，表示丰年祭即将结束。各家依旧要准备两个圆形的moji，高家和陈家还要准备两个状似白鳗的moji。祭拜结束后，先生妈依旧会奠酒。

炉主家的公妈篮要做告祖仪式。先生妈要单独祭拜炉主家的公妈篮，炉主家需要准备猪头、猪尾、猪蹄、猪肠及猪内脏等作为祭品，表示是用一头全猪做祭品。祭品上放着一把菜刀，表示是给祖灵享用的。公妈篮的旁边依旧要放有酒碗。摆好场子后，先生妈就开始咏唱，大约要30分钟左右；咏唱结束后，先生妈先要奠酒，然后把炉主太太的服饰放进公妈篮，就算完成了炉主家的祭拜。祭拜结束后，炉主夫妇也完成了丰年祭。这时炉主太太才成为真正的邵人，她的服饰可以放进公妈篮里，表示她的生灵将被供奉在夫家的公妈篮里。先生妈再次祭拜的时候，会念叨炉主太太的名字。

---

① 本节由于受签证时间限制，我没有亲自参与调查，而主要是根据邓相扬、许木柱著《邵族史篇》与简史朗编写的《做番抑是做人》中的资料编写而成。

② 由于我于9月30日就回到大陆，这个时间是通过网络向邵人的领唱人高贵询问后而得知的。

各家取回公妈篮后，先生妈还要挨家挨户地去祭拜各家的公妈篮，目的是告诉各家祖灵过年已接近尾声，今晚会有族人来家里喝酒、唱歌和跳舞，请不要猜疑或见怪。这种祭仪将持续到下午。

祭仪结束后，大家会来到炉主家，开始今晚的会饮、唱歌和跳舞活动。今晚的活动是把农历八月初一、初二、初三、初四的会饮都集中到一天。在逐家会饮以前，炉主的儿子会从祖灵屋里取来日月盾牌，斜背于胸前，在陈家与高家歌者的带领下，族人皆列成单队并手牵手地出发到各家各户去吃饭、唱歌和跳舞。这个仪式邵语称为“tantaun minparaw”，直译为“到每家去跳舞”。由于日月村不仅只有邵人还有平地人（ho lo 人），有的平地人也会燃放鞭炮以邀请族人的到来，同时大家一起吃饭、喝酒、唱歌和跳舞。这个时候，在日月村里没有族群的边界，有的只是全村的热闹景象与人们的欢快心情。因为公妈篮逐年增多，往往这样的逐家会饮将持续到第二天中午。

在逐家会饮结束后，祖灵屋不会马上被拆掉。祖灵屋的拆迁需要由长老、先生妈、头目等人共同商议，另找时间。在祖灵屋没有被拆掉的时候，族人依旧会在晚上来到祖灵屋前唱歌、跳舞。

祖灵屋的拆除时间大约是在三四天后，是经过大家（主要是过年委员会的成员和先生妈）共同商讨后确定的时间。人们拆迁的时候依旧要向着祖灵禀告。祭仪中，在先生妈唱祭词时族人开始拆除祖灵屋；在先生妈的所有咏唱结束时，祖灵屋也全部拆除完毕。所有拆除下来的物件都会被全部烧掉，过年的全部活动至此被画上了一个圆满的句号。

第七章　日常的宗教行为

在调查中，我针对邵人的日常生活进行了相关的宗教信仰调查，遗憾的是，没有亲眼所见，只是通过简老师等人的简介而略知一些。

在国立政治大学民族学系的调查报告中有一张表格[①]，该表格把邵人的一些主要祭祀活动及内容介绍给我们。

表一

名称	地址	功能	支持人(负责人)
Lalu、最高祖灵地 pacalar 圣地	拉鲁岛	邵人最高祖灵居住地，邵人女祭师 shinshi（先生妈）学巫之处	最资深之女祭师 shinshi
Sinawana 袁氏氏族祖灵圣地	Raws 竹湖	每年农历六月二十五袁氏氏族祖灵祭祀	袁姓头人袁田
Skatafatu 石姓氏族祖灵圣地	Suiin 石印	每年农历六月二十五石姓氏族祖灵祭祀	石姓头人传人
狩猎祭、拜鳗祭祭场（Sinawana 头人系统）	袁姓头人家门庭	每年农历七月初一举行狩猎祭，每年农历七月初拜鳗祭	7 位女祭师 shinshi（先生妈）分两组主持

① 中国台湾国立政治大学民族学系：《日月潭邵族民族志调查报告》，2000 年，第 29 页。

续表

名称	地址	功能	支持人(负责人)
狩猎祭、拜鳗祭祭场（Skatafatu石姓头人系统）	石姓头人家门庭	每年农历七月初一举办狩猎祭，每年农历七月初三做拜鳗祭	所有女祭师shin-shi（先生妈）分两组主持
春石音 masbabi-ar	袁姓头人家门庭	每年农历七月底	全体族人参加
除秽祈福	毛先家门庭	每年农历八月初一上午，遇有大过年来 lusan 时再举行一次狩猎仪式的祝福仪式	毛先家、男性族人大多参加
丰年祭部落会议	毛先家门庭	每年农历八月初一举开，若推出丰年祭之主祭 pariqas（炉主），则举行大过年，并协调丰年祭诸事务	毛先、男性族人参加
凿牙仪式与凿牙祭仪	陈进家门庭	遇有大过年 lusan 时举行	陈进主持，陈富及高丰任助手
牵田仪式 saangqazasuwan smayla	陈富家之正厅，即供奉 udh 祖灵篮之厅堂	接受凿牙仪式的少年聚在厅堂，先祈告祖灵，然后举行牵田仪式，此后，即可盖祖灵屋及正式牵田	陈富、陈进兄弟

续表

名称	地址	功能	支持人(负责人)
祖灵屋 hanan 及牵田 smayla	陈进家门庭 高丰家门庭	遇有大过年 lusian 轮流在陈家和高家修建，而牵田则轮流在两家门厅前举行	高丰、陈进担任牵田仪式、歌唱及圈舞的领头人
传统岁时祭仪之祭场	陈进家门庭	遇有播种祭、移植祭、除草祭，以及丰年祭等主要祭仪之祭场	女祭师 shinshi（先生妈）

在日常生活中，除去表格中的一些祭祀活动，邵人中还有一些曾经有过，但在如今的生活中却已逐渐消失的祭祀仪式。

由于邵人曾经是一个以农耕、狩猎为主要生计方式的族群，因此很多的祭祀都与农耕、狩猎有着密切的关系。

一、农历二月二十，mulalu malhakath 锄土整园祭

这个祭祀由先生妈主持，界时每家都准备一个盛着白饭的小竹篮送到祭场，由先生妈祭奠。在这个日子之前，人们在田园里只能做一些粗活，祭奠后，才可上山做田园里精细的整理事务。

二、农历的三月初一

（一）小孩试播与播种前祭

农历三月初一由各家的成人（男女不限）带着孩子（男女不限）到山上的田园里做一些象征性的播种活动。据说小孩的

身心纯洁天真，没有受到社会的污染，这样做会给人们带来丰收。现在村里60岁以上的老人都曾试播过。届时天刚蒙蒙亮，大人就带着孩子出发了。路上不准孩子大声说话，更不能随便问问题。到了田园后，大人先奠酒祈祷，向祖灵告知即将播种，祈求祖灵庇护，希望有好的收成。在大人的指导下，孩子手持小锹，在整过的田里挖一个小洞，将稻种放入小洞里，再用脚掌拨土盖上。这个过程很快就结束了。人们顺着原路返回，路上不能折树枝与花草，否则稻子会被虫吃掉，长出的稻子颗粒也不饱满。

这一天的祭祀，一般是在上午八九点举行，各家把公妈篮送到陈家的门厅前，还要准备一份掺有地瓜粒的糯米饭，用小竹盘盛上并摆放在各家的公妈篮前边作为供品。先生妈像七月的祭祀一样，组织集体咏唱仪式。

（二）吃淡食

自祭祀之日起，必须遵循吃三天淡食的习俗，邵语称为 matamatamaz amalhiqitan，意思是说“吃淡食使平安顺利”。淡食就是指人们日常饮食必须清淡，饭菜中不加盐，不吃甜食，也不能吃肉。邵人希望借着吃淡食的行为，使得所种的谷物成长顺利、庄稼丰收。如果违背了此习俗，则田园的禾苗很快就会被太阳晒焦。

简老师曾经在2003年农历三月初一对石太太做过一个调查：

当我还是小女孩的时候，有一年的 pudaqu，祖父带着我到山上的园子里去播种，malhiqitan 必须吃满三天，每顿饭吃的都是糯米饭配水煮箭竹笋，尽是些淡涩无味的食物。当淡食吃到第三天的时候，除了觉得难以下咽之外，肚子里也是咕噜咕噜作响，非常难过，难耐之余，偷偷地夹了一片酱笋佐饭。过几天后祖父从稻园里回来，把我叫到面前责备，怪罪我没有遵守淡食的规矩，以至于让园子里的禾苗都晒焦了。当时我虽然嘴硬，强辩没有违犯禁忌，但是心里也很惊疑，为什么这么灵验呢。①

在调查过程中，大多数年轻人都说那是以前的事情，现在已经没有人种田了，也没有了那么多的讲究。不过，族里的长老和先生妈还是在三月初一这天坚持吃淡食。

三、农历三月三

农历三月初三的祭仪与农历三月初一的一起才是完整的播种祭。

农历三月初三这一天，不仅有播种祭仪还有荡秋千活动。

这天的播种祭仪是正式的仪式。每家不仅依旧要送公妈篮来祭拜，还要做麻署，也就是把糯米蒸熟后用木臼舂碎，再做成圆饼。每户都准备两个，作为供品放于公妈篮前边，由先生妈禀告祖灵。

秋千是由族人上山砍藤、竹等物回来后，族人在专门的场地上搭建而成的。秋千架由 4 根长约 10 米、粗约 20 厘米的竹子合绑而成，承重的是藤。这个仪式表示，族人希望种下的种子长得结实饱满，稻穗像秋千一样沉甸甸地随风招展。

过去，这种活动的场所也是人们交友的地方。族人在秋千旁烹饪、交流。族人相信荡秋千可以使孩子身体健康、茁壮成长，让未婚的男女可以早日成家、未生育的妇女早日生子。

① 简史朗：《*minthaw ya minshput*（做番抑是做人?）——邵族祭祀体系的民族边界》（硕士学位论文），台北：台湾国立政治大学民族学系，2007 年，第 32 页。

图　三月举行播种祭并荡秋千祈福

四、农历五月、六月的祭祀

在农历五月二十五日和农历六月的初三、十三、二十、二十五的 5 个祭仪中，都是与水田有关的祭祀活动。

简老师对此整理了一份表格[①]：

① 简史朗：《*minthaw ya minshput*（做番抑是做人?）——邵族祭祀体系的民族边界》（硕士学位论文），台北：台湾国立政治大学民族学系，2007 年，第 34 页。

表二

时间（农历）	祭仪名称	内　容
五月二十五	mulalu muripnu 水田整田祭	清理水稻田中的前季遗留物、整理田埂
六月初三	Mulalu muramaz 水田祈安祭	整理田埂、引水浸田、犁田
六月十三	Mulalu muripnu 水田整田祭	犁田、整理田埂、水稻育苗
六月二十	Mulalu muramaz 水田祈安祭	犁田、踏刈耙
六月二十五	Mulalu muripnu 水田整田祭	盖平、清理水田、二期稻作插秧

通过这份表格，我们清晰地看到在各个不同的日期中族人的活动内容。

在这 5 个日期中，先生妈都会组织集体祭拜，祭拜时族人不用送来公妈篮，而用小竹篮盛着米饭来祭拜就可以了。祭拜的场地是在陈家门前。

五、其他祭祀活动

在现代社会里，邵人的很多祭祀活动与平地人（ho lo 人）差不多。

（一）丧礼

现在邵人的葬礼与平地人（ho lo 人）一样。人死后人们会搭建场子，亲朋好友前来吊唁，将其往公墓。平地人（ho lo 人）的葬礼到此就结束了，但是邵人在此之后还有自己的一些传统仪式。

死者被埋葬后的第一天凌晨，大约三四点的时候丧家将门虚掩，等待先生妈的到来。先生妈到来后，取下公妈篮置于门口的空地上，开始进行祭祀，这个仪式被称为“祭灵祭”，即告知祖灵这位亡者的身体没有了，其灵魂归属于祖灵了。丧后的第三天下午大约1点的时候，先生妈会再次来到丧家做一次祭拜告祖仪式。这次公妈篮的旁边放有酒碗，禀告的对象是该家族所有的祖灵，其目的是告知祖灵这个仪式完结了，死者的姓名也在祖灵的名册里了。这样做完后，丧事才算全部结束。这天晚上丧家会准备家宴，款待帮忙的亲友，饭菜放在地上，不用筷子不喝酒，亲友吃完后不用告辞，悄悄离开就行了。帮忙的人回到家后要把衣服脱下，晾在外面，洗干净自己后马上出去工作，不能留在家里，也不能喝酒，否则就会变得很懒惰。

在2006年简老师的调查中，了解到邵人丧礼中最常讲的话是：

shashawiniza ukayza ihu　你已经拜被赶走了，身体变无了！
mushayza ihu！Ming-qali-za　你走吧，已经变成鬼灵了
mathay ihu min`apuyza　你已死，成为祖先了

丧葬礼俗中，邵人曾经实行瓮葬，在人死后遗体被装入瓮缸或者大背篓里，一两天后才会被背往附近的树林里埋葬。

（二）婚俗

村里的婚俗在仪式上与平地人（ho lo 人）基本一样，要看八字、选黄道吉日等。按邵人婚俗在新娘进门的当天，一定要请先生妈来家里祭拜公妈篮，向祖灵禀告，因为结婚是人生大事，所以结婚时家里还要备有猪头、猪尾、猪脚、猪肺象征全猪的物品作为供品。婚后第三天，先生妈还会再来祭拜该户的公妈篮。

在与先生妈石音的访谈中她说，由于她自己是先生妈，祭拜公妈篮是经常的事情。比如自家的女儿出嫁了，她会祭拜；家里买了大件的物品如电视机、电冰箱等，也会祭拜；她的女儿从香港回来了，她会祭拜，等等。她认为，只要有需要禀告祖灵的事情就要祭拜公妈篮。这个祭拜的过程就是与祖灵讲话以祈求庇护的过程。

（三）新屋落成礼

村里人修建新屋，在落成的时候与平地人（ho lo 人）一样会大宴宾客。只不过，邵人有公妈篮的家庭，都会在新屋建成后请先生妈来禀告祖灵。新屋建成的第一天上午大约 9 点的时候，先生妈来祭拜公妈篮，主人家必备猪嘴管、猪肺、猪脚、猪尾等五件物品，合置于砧板上，物品上还需放一把菜刀，意思是用全猪供奉给祖灵享用。先生妈对着公妈篮及供品咏唱，一般需要半个小时的时间，然后先生妈奠酒，第一天的祭拜结束。第三天的下午大约 1 点的时候，先生妈还会来祭拜公妈篮，这次不用准备物品，只需在公妈篮的旁边置放酒碗，这次祭拜是为了向祖灵禀告，家里的新屋建成了，请祖灵同喜喝酒。

2004 年简老师曾经从石松和石太太那里了解到，在他们小的时候（约十二三岁时），旧社部落里所有房屋全是竹木结构、茅草屋顶的传统“虎尾寮式”的家屋。如果有人盖房子，都是族人全族动员，上山抽藤、砍竹、割茅草，合力盖成。主人在盖房子之前二三十天就已经好几次上山打猎，积累了相当数量的山禽肉，用来在新屋落成的时候招待和答谢客人。新屋建成后，必须先由老人在主厅中念咒语，并以打火石敲击，引取新火，这新火必须时时煨在新屋的火塘里，不可使其熄灭，并且由先生妈主持 mulalu faqlhu a taun（新屋建成之祭）。当天族人在主人的新家宴饮庆贺，尽欢而归。[①]

（四）头目家的祖灵祭

日月村的邵人有两个头目——袁家与石家。在农历六月二十五，这两家的头目都会去祭拜祖灵。袁家头目到 filhaw 祭祖，石家头目到 puzi 祭祖。袁家祭祖的地方就是现在孔雀园（中正路的北边，距离日月街大约有 5 分钟的车时）下方靠近潭边的地方。石家祭祖的地方以前在今涵碧楼（日月潭边靠近逐鹿市集旁的一个酒楼）下方的潭边，曾是水社的社域，后因日月潭水力发电而迁到现在的 puzi。

简老师介绍过袁家头目的祭祖活动。

农历六月二十五这天一大早，天还没有亮，头目袁田带上准备好的祭祖物品——蛋与浊酒（邵人传统的酒 shupak）乘船出发，在行船的过程中还要说些话。

amuntusi filhaw malhishupak　要去 filhaw 献酒

izaw amuntusi filhaw amiqilha sa dahun　来吧，到 filhaw 喝甜酒

袁头目说，早上已不会听到番仔鸟不吉利的叫声。过去老头目在的时候会告诉他："不管看到什么都不要害怕，船只吃水深，是因为有很多祖先要跟我们一起到 filhaw 去喝酒。"当船靠近 filhaw 岸边时，头目会把含有大量酒糟的邵酒洒向潭面，并且嘴里会说："Haya！apu……thuyni amalhishupak. 嗨呀，（众祖先的名字），今天要献酒。"

---

① 简史朗：《*minthaw ya minshput*（做番抑是做人?）——邵族祭祀体系的民族边界》（硕士学位论文），台北：台湾国立政治大学民族学系，2007 年，第 42 页。

船靠岸后，头目找到历年献酒的地方并砍了一些树枝，做成一个大约有 60 公分高的简单祭台。祭台上面铺着树叶，他将带来的邵人面具备上甜酒并一撮一撮地放在树叶上，然后把剥下的蛋壳放在祭台上，自己将蛋白、蛋黄吃掉，还边放边与祖先说话。大约 10 分钟后，要焚烧金纸、燃放鞭炮，再把酒瓮挂在树枝上，祭仪就算结束了。头目解释说，烧纸、燃放鞭炮是最近才有的，是学平地人（ho lo 人）拜公妈、拜神的规矩，以前自己的祖父只献酒和煮蛋，以及与祖先讲话。

在祭拜的时候，袁家头目并不只祭拜自家的祖先，还拜请所有邵人的祖先。

石家头目的祭祖仪式与袁家相似。

参考文献

1. 杨圣敏：《中国民族志》，北京：中央民族大学出版社，2003 年。

2. 司马云杰：《文化社会学》，北京：中国社会科学出版社，2001 年。

3. ［美］奥格本著，王晓毅等译：《社会变迁——关于文化与先天的本质》，杭州：浙江人民出版社，1989 年。

4. ［美］威廉·A. 哈维兰著，瞿铁鹏、张钰译：《文化人类学》（第十版），上海：上海社会科学院出版社，2006 年。

5. 中国台湾国立政治大学民族学系：《日月潭邵族民族志调查报告》，2001 年。

6. 邓相扬、许木柱：《邵族史篇》，南投市：国史馆台湾文献馆；台北：行政院原住民委员会，2000 年。

7. 陈国强、田富达：《高山族》，北京：民族出版社，1988 年。

8. 陈奇禄等：《日月潭邵族民族志调查报告》，台北：南天书局有限公司，1996 年。

9. 林修澈：《原住民的民族认定》，台北：行政院原住民委员会，2001 年。

10. 罗春寒：《台湾平埔族群文化变迁之研究》，北京：民族出版社，2008 年。

11. 潘英编著：《台湾原住民族的历史源流》，台北：台原出版社，1998 年。

12. 森丑之助：《台湾番族图谱》，台北：临时台湾旧惯调查会，1918 年。

13. 田哲益（达西乌拉弯·毕马）：《台湾的原住民：邵族》，台北：台原出版社，2002 年。

14. 汪宁生：《文化人类学调查——正确认识社会的方法》，北京：文物出版社，1996 年。

15. 许良国、曾思奇：《高山族风俗志——民俗文库之五》，北京：中央民族学院出版社，1988 年。

16. 伊能嘉矩：《巡台日乘》，载森口雄念编《伊能嘉矩的台湾踏查日记》，板桥：台湾风物杂志社，1992 年。

17. 伊能嘉矩、粟野传之丞：《台湾番人事情》，东京：草风冠，2000 年。

18. 陈永龙：《重读水沙莲：从水域文化之保育理述邵族之生存抗争》（博士论文），台北：国立台湾大学建筑与城乡研究所，2003 年。

19. 邓相扬：《邵族 ulalaluwan 正名之刍议》，载《族群意识与文化认同——平埔族群与台湾社会大型研讨会论文集》，台北：中央研究院民族学研究所，2003 年。

20. 简史朗《*minthaw ya minshput*（做番抑是做人?）——邵族祭祀体系的民族边界》（硕士学位论文），台北：台湾国立政治大学民族学系，2007 年。

21. 满天弥生：《先生妈、文本与仪式展演：当代邵族的生存策略》，当代情境中的巫师与仪式展演研讨会，2008 年。

22. 山路胜彦：《台湾サオ族仪礼的世界の认同と求心性》，载《关西学院大学社会学部纪要》，1996 年。

23. 王玉婷：《拜公妈——邵族家庭的通婚与祭嗣的民族意义》（硕士学位论文），台北：台湾国立政治大学民族学系，2002 年。

24. 谢世忠、苏裕玲：《传统、出演与外资——日月潭德化社邵族丰年节庆的社会文化现象》，载台湾《考古人类学刊》，1998 年。

25. 周美淑：《人、家户与炉主（lotsu）：邵族的人观研究》（硕士学位论文），台北：台湾国立政治大学民族学系，2003 年。

26. 马戎：《理解民族关系的新思路——少数族群问题的“去政治化”》，载《北京大学学报》2004 年第 6 期。

附录：

邵人农历八月祭词的汉语摘录[①]

现在拿出公妈篮要向您们供祭的人是（户主名字），
这些是他拿出来并且拂扫干净的供祭之物，
请拿取他敬献的食物，
现在要祝告使您们知道是 qaqthin（地名）的事情，
年轻人们都很勤劳工作，又回复新年了，
在这新年里要让我们猎得很多敌人，
钟祖啊，您们看，年轻人在抛掷、钩挂头颅，
像这样想您们梦占敌人，
不要让蛀虫掉落的藤枝绊倒年轻人，
我们这样想，您们满满地都是香草味道，
来闻一闻如此香郁的味道。
来吧，您们，
来吧，邵的众祖们，请慢慢地走来，
请取他敬献的食物，保佑小孩，
保佑大家，照顾小孩。
要使＊＊＊＊（户主的名字）梦到好的梦境，
要使＊＊＊＊＊（家人 1）梦到好的梦境
要使＊＊＊＊＊（家人 2）梦到好的梦境

---

① 简史朗：《*minthaw ya minshput*（做番抑是做人？）——邵族祭祀体系的民族边界》（硕士学位论文），台北：台湾国立政治大学民族学系，2007 年，第 167—187 页。

……

（户主名字）会被人说闲话，这是原本就会如此的，
我们还有老人家可以说话，
在祖灵世界的您们啊，要保护（户主）平安，
我们原本如此供祭，请庇荫子孙繁衍不息，
如果有人说（户主）的闲话，请不要猜疑，
像您们这样就不会被人说闲话，
如果田园里的收获持续入仓，人家就不会说闲话了，
不会被议论、说闲话。
来吧，您们，
请拿取他敬献的食物，
现在要祝告使您们知道是 qaqthin（地名）的事情，
年轻人们都很勤劳工作，又回复新年了，
在这新年里要让我们猎得很多敌人，
众祖啊，您们看，年轻人在抛掷、钩挂头颅，
像这样想您们梦占敌人，
不要让蛀虫掉落的藤枝绊倒年轻人，
我们这样想，您们满满地都是香草味道，
来闻一闻如此香郁的味道。
来吧，您们，
来吧，邵的众祖们，请慢慢地走来，
请取他敬献的食物，保佑小孩，
保佑大家，照顾小孩。
这和别人都无关涉，
吃进肚里饱到喉咙，
会被人说闲话，这是原本就会如此的，
我们还有老人家可以说话，
在祖灵世界的您们啊，要保护（户主）平安，

我们原本如此供祭，请庇荫子孙繁衍不息，
如果有人说（户主）的闲话，请不要猜疑，
像您们这样就不会被人说闲话，
如果田园里的收获持续入仓，人家就不会说闲话了，
不会被议论、说闲话。
来吧，您们，
请拿取他敬献的食物，
现在要祝告使您们知道是 qaqthin（地名）的事情，
年轻人们都很勤劳工作，又回复新年了，
在这新年里要让我们猎得很多敌人，
众祖啊，您们看，年轻人在抛掷、钩挂头颅，
像这样想您们梦占敌人，
不要让蛀虫掉落的藤枝绊倒年轻人，
我们这样想，您们满满地都是香草味道，
来闻一闻如此香郁的味道。
来吧，您们，
来吧，邵的众祖们，请慢慢地走来，
请取他敬献的食物，保佑小孩，
保佑大家，照顾小孩。
晚上在家里的孩子因为饿了而哭泣，
要使田园里的收获持续入仓，
夜晚里要经常有火把照亮着，发出哔哔剥剥的响声，
您们不是常告诫要小心住在上面的他族或平地人吗？
如您们所说，（如果不小心）就会跌倒，摔断自己的手，
也会经常被住在那一带的平地人惊吓到，
来吧，您们，
来吧，邵的众祖们，请慢慢地走来，
请取他敬献的食物，保佑小孩，

保佑大家，照顾小孩。
不要使我们梦到不好的梦境，
让孩子们有好梦境，得以猎得林中的山禽，
来吧，您们，
来吧，您们，
来吧，邵的众祖们，请慢慢地走来，
请取他敬献的食物，保佑小孩，
保佑大家，照顾小孩。
让疾病飞走，一个个丢到远处去，
跟着日本人去了。
您们没有看到日本人常常在我们的门庭和畜圈吗？
不要让日月潭被日本人拿走，到处钟声作响，
不能同意（日月潭）被日本人占据，
不管谁的土地都不能被日本人占据，
众祖灵啊——有个孩子从日本人那里回来了，
您们不会舍得孩子被日本人打吗？
出去做工要小心呢。
来吧，您们，
请拿取他敬献的食物，
现在要祝告使您们知道是 qaqthin（地名）的事情，
年轻人们都很勤劳工作，又回复新年了，
在这新年里要让我们猎得很多敌人，
众祖啊，您们看，年轻人在抛掷、钩挂头颅，
像这样想您们梦占敌人，
不要让蛀虫掉落的藤枝绊倒年轻人，
我们这样想，您们满满地都是香草味道，
来闻一闻如此香郁的味道。

后　记

《日月潭边邵人社会宗教文化的民族学考察》终于完成。

日月潭边的晚霞是那样的优柔，日月潭边的风浪是那样的轻柔，日月潭边的人们是那样的宽容与温柔……

至今都难以忘记在日月村的每一天，偶尔也会唱起日月村的《祝福歌》，更会一遍一遍地观看照片与录影，寻找熟悉的风景，寻找能说出名字的朋友及更多说不出名字的朋友。有名字的朋友永远都不会被忘记，不知道名字的朋友也永远会成为我记忆中的一部分。

日月潭边的咚咚声，先生妈的咏唱声，祖灵屋前的悲伤与欢快，每家每户的热情款待，都已构成我记忆深处的常青树。

逐鹿的传奇、猫头鹰的祝福、杵音的悠长、过年的热闹、茄冬树的力量、独木舟的奇特、四手网的灯火、“白鳗”的祭拜、黑白的忌讳等，曾是那样的陌生，如今想起却是那么的亲切！长老的文雅、先生妈的辛苦、族人的期盼，变得如此的不能释怀，真想亲自体验先生妈的咏唱与辛苦！

考察结束了，回顾以往，我非常感谢所有支持与帮助我的老师与朋友！

首先感谢中央民族大学“985 工程”民族发展与民族关系中心，给我提供了学习与调查的机会。没有中心的支持，我不会走进邵人，更不会了解一个全新的文化。

感谢我的导师白振声教授，正是因为导师的指导与教育，使我能够顺利地完成调查。

感谢中国台湾国立政治大学民族研究中心的老师，特别是中心主任林修澈教授，是他们的鼎力支持与悉心指导，才使我在台湾的调查事半功倍，仅用两个月的时间就调查到所需的资料。

感谢简史朗老师，因为简老师的帮助使我在日月村很快被村民所接受，并使我以最捷径的方式走进了调研的范畴，还让我抓住很多关键的时间与事件，使我的调查内容有血有肉。

感谢在调查中我的朋友满天弥生，因为她的指导，让我了解了很多文本中不会得到的信息，使我的调查更有时效性与真实性。

感谢所有日月村的人们，正是因为他们的接纳，才让我在短短的时间里，找到了我的需要。